L'émancipation

Se libérer des dominations

La ***Chronique Sociale*** est à la fois un organisme de formation et de recherche et une maison d'édition. Fondée à Lyon en 1892, elle s'est préoccupée dès ses origines de sensibiliser aux évolutions de la société et de suggérer une organisation de la vie collective plus solidaire et plus respectueuse des personnes.

Actuellement, les ***Éditions de la Chronique Sociale*** publient des ouvrages et des jeux pédagogiques qui contribuent à mettre en œuvre ces orientations. Issus de pratiques professionnelles et sociales, ils sont au service de tous ceux qui s'efforcent de mieux comprendre le monde.

Chacun pourra s'approprier ces outils et les utiliser, tant pour son développement personnel que pour une action collective efficace.

Responsable des Éditions : André Soutrenon

Correction : Jean-Louis Barriac

Imprimeur : Imprimerie Darantiere
21800 Dijon-Quetigny

Chronique sociale, Lyon, Dépôt légal : avril 2014

N° d'impression : 14-0291

Imprimé en France

François Galichet

L'émancipation

Se libérer des dominations

Comprendre la société

l'essentiel

Chronique Sociale 1, rue Vaubecour - 69002 Lyon
Tél. : 04 78 37 22 12

L'émancipation

Introduction

Au sens propre, l'émancipation désigne l'acte juridique par lequel un maître affranchissait un esclave lui appartenant. Mais très vite le terme a pris une signification métaphorique : tous les hommes, d'une manière ou d'une autre, sont esclaves – de leurs passions, de leurs ambitions, de leurs habitudes, de leurs inclinations mais aussi d'autres hommes qui les dominent par le savoir, la force ou la ruse. Tous ont un maître et même plusieurs. Tous sont invités à s'émanciper.

C'est au XIXe siècle que la notion d'émancipation vient au-devant de la scène avec la question ouvrière. Dans la pensée communiste et socialiste, le travailleur est considéré comme l'esclave des temps modernes. Comme l'esclave, il est soumis à des contraintes intolérables ; comme l'esclave il est privé de tout ce qui fait l'agrément de la vie ; comme l'esclave son travail profite à d'autres qui l'exploitent.

Il peut et il doit être émancipé. Le thème de l'émancipation des travailleurs – ou des prolétaires – devient central dans le discours du mouvement ouvrier, qu'il soit politique ou syndical. Qu'est-ce que cela signifie, comment y parvenir, qui doit s'en charger ? Ce sont là quelques-uns des débats souvent très vifs qui se développent autour de ce thème.

Par la suite, il s'élargira à d'autres groupes considérés eux aussi comme opprimés. On parlera de l'émancipation des femmes, des peuples colonisés, des minorités sexuelles, des enfants. Dans tous les cas il s'agira de soutenir des luttes qui ne sont pas seulement politiques, mais culturelles, sociales, pédagogiques.

C'est pourquoi l'émancipation occupe une place importante dans les mouvements d'éducation populaire. Ils sont, ils ont toujours été, au carrefour de toutes les luttes, de toutes les misères, de toutes les injustices. Émanciper le peuple, c'est le débarrasser de tout ce qui l'empêche de prendre la mesure des oppressions qu'il subit, le rendre indépendant de toutes les puissances qui prétendent le régenter pour son bien. C'est aussi le délivrer de ses peurs, de ses inhibitions, de tous les freins qui le retiennent **d'oser les actes libérateurs.** C'est enfin lui donner une vision de l'avenir, **l'espérance d'un futur sans domination.**

Mai 1968 marque l'apothéose du thème de l'émancipation. « Libérez-vous ! » devient un slogan écrit sur les murs, scandé dans les manifestations. Il s'adresse à la fois aux travailleurs (exploités par les patrons), aux jeunes (soumis à une autorité patriarcale), aux minorités sexuelles (réprimées dans leur expression), aux femmes (soumises au machisme de leurs compagnons), aux immigrés (dont la misère prolonge la situation coloniale encore toute proche). Il invite à « l'union de toutes les luttes » dans un seul et immense mouvement de libération qui abolira d'un coup toutes les dominations : politiques, économiques, culturelles, patriarcales, raciales.

On sait ce qu'il en est advenu. La libération des travailleurs a débouché sur le *« new management »*, la gestion individualisée des ressources humaines, l'approche par objectifs, qui génère stress et souffrance au travail. Elle comporte désormais un élément de culpabilité : les contraintes sont intériorisées au lieu d'être imposées, et sont d'autant plus fortes. Se sentir responsable n'est pas toujours être plus libre.

La lutte contre les patrons a débouché sur la tyrannie anonyme des marchés et des puissances financières. La libération sexuelle a débouché sur une marchandisation du sexe. L'émancipation des femmes conduit certains à défendre le « droit » de porter le voile, symbole de l'aliénation féminine. La libération de la parole aboutit à *Facebook* et *Twitter,* où tout peut se dire en effet – tout et n'importe quoi : la libre parole s'annule par sa surabondance même.

Jusqu'en 1968, les dominations étaient identifiées et relativement visibles : les « patrons », les « machos », les « Églises » défendant une morale répressive, les « politiciens au service du grand capital », les institutions au service de « l'ordre établi », etc., si visibles que certaines organisations terroristes (Brigades rouges, Action directe, etc.) en ont fait des cibles à abattre.

Désormais elles sont devenues diffuses, impersonnelles, imprécises. On parle du « système », mot qui ne veut pas dire grand-chose ; ou encore des « puissances financières », du « marché », des « riches », des « privilégiés » sans les nommer, sauf lorsqu'un scandale met certaines personnalités en pleine lumière médiatique.

Comment s'émanciper quand on ne sait pas qui vous domine, ni contre qui se révolter ? L'esclave côtoyait son maître, le serf son seigneur, l'ouvrier son patron. La domination actuelle dissimule les dominants, et du même coup la domination.

La problématique de l'émancipation s'en trouve nécessairement transformée. Quelles stratégies, quelles méthodes, quelles priorités pour les mouvements politiques et syndicaux, pour les associations d'éducation populaire aujourd'hui ? Ils prennent en charge quotidiennement des gens abîmés par leurs conditions de vie et de travail, par la crise, par le chômage, par la misère. Ils tentent de les défendre face aux pouvoirs et aux autorités. Mais ils essaient surtout de les rendre capables de ***se* défendre, *se* prendre en charge, *se* libérer** des multiples servitudes qui les accablent. Ils tentent de les rendre autonomes vis-à-vis des tutelles qui prétendent les gérer, les guider, les former, les orienter : services sociaux et médicaux, autorités policières et judiciaires, entreprises et administrations, etc.

La notion d'émancipation revient alors au premier plan, mais d'une nouvelle manière, très différente de l'approche soixante-huitarde. L'« *empowerment* » dont on parle dans le monde anglo-saxon exprime bien cette nouvelle approche. Il s'agit de tirer les leçons de l'échec des luttes classiques issues de la philosophie des Lumières et de la première version du marxisme. Elles considéraient, avec Condorcet, qu'il suffisait d'instruire le peuple pour qu'il sorte de son asservissement ; ou, avec Lénine, de constituer une « avant-garde du prolétariat » pour faire la révolution. L'école laïque, gratuite et obligatoire dans le premier cas, le parti communiste dans le second, concrétisaient cette conception.

Nous savons désormais qu'il n'en est rien. L'école publique sélectionne – et notamment en fonction de la classe sociale – autant qu'elle instruit. Le parti communiste, dans les anciens pays socialistes, a constitué une *nomenklatura* aussi oppressive que la bourgeoisie qu'il a renversée. Dans les deux cas, ces institutions ont installé, comme le montre la sociologie critique de Bourdieu, des *habitus,* des attitudes de soumission et d'acceptation chez les dominés, de confiance et d'assurance chez les dominants. Prendre le pouvoir et le garder ne s'apprend pas comme on apprend la grammaire ou les mathématiques. À côté de l'alphabétisation intellectuelle dont l'école a été le vecteur, l'émancipation implique une *alphabétisation sociale*[1] qui est encore à inventer.

L'émancipation est ainsi confrontée à un paradoxe, celui qu'énonçait déjà Kant : « Comment cultiver la liberté sous la contrainte ? ». Car « il est si aisé d'être mineur ! ». Kant attribuait cette crainte de la liberté à « la paresse et la lâcheté »[2]. Cette réponse n'est plus valide aujourd'hui : connaissant les mécanismes sophistiqués qui tendent à maintenir les masses dans leur état de sujétion, on ne saurait les rendre responsables de leur propre servitude. Et pourtant **s'émanciper, c'est devenir responsable de soi, de ses choix, de ses ambitions, de ses réussites comme de ses échecs.**

Comment concevoir et mettre en œuvre cette *« pédagogie de la responsabilité » ?* C'est à cette question que le présent ouvrage tente de répondre. Émanciper redevient aujourd'hui plus que jamais une **urgence** et une **exigence ;** mais cette urgence n'est pas telle qu'elle dispense de réfléchir aux conditions et aux finalités de l'émancipation.

1. « Combattre l'analphabétisme social », in F. Galichet (dir.), *Citoyenneté, une nouvelle alphabétisation ?* SCEREN, 2003, p. 11 – 22.

2. E. Kant, *Réponse à la question : Qu'est-ce que les Lumières ?* Gonthier, 1947, p. 46.

Chapitre I

L'émancipation : une longue histoire...

L'idée d'émancipation est très ancienne. Historiquement, elle est d'abord associée à la pratique de l'esclavage : é-manciper, c'est soustraire au droit de vente. *Mancipium,* qui signifie en latin propriété, vient de *mancipere,* vendre, lui-même composé de *manus* (main) et *capere* (prendre). L'achat des esclaves se faisait en les prenant par la main ; émanciper avait la même signification qu'affranchir, c'est-à-dire rendre libre celui qui ne l'était pas.

L'émancipation appartient donc originellement au domaine juridique ; elle désigne un acte accompli par un autre – le maître de l'esclave, qui seul a le pouvoir et le droit de l'arracher à sa servitude. On ne peut pas s'émanciper par soi-même : paradoxalement, seul le maître, celui qui domine *(dominus),* est en mesure de libérer le dominé de sa domination. L'émancipation est un acte arbitraire, accompli soit par générosité (notamment à la fin de l'empire romain, quand l'esclavage, sous l'influence du christianisme, commence à être mis en question), soit par affection (on affranchissait souvent les esclaves avec qui on avait établi une relation d'amitié), soit par intérêt (pour permettre à l'affranchi de mieux développer un talent dont on profitera).

Il en va de même pour l'extension du terme au domaine des relations familiales. L'émancipation concerne alors l'adolescent qui, jusque-là mineur, accède au statut de la majorité avec tous les droits – civiques, civils, sociaux – qui y sont liés. Pour les Romains, cet accès n'était pas, comme c'est le cas aujourd'hui, automatique à partir d'un certain âge (en France, 21 puis 18 ans). L'enfant, et plus tard ses propres enfants, restaient sous l'autorité du père (le *pater familias*) jusqu'à la mort de celui-ci. Le fils de famille, bien que de condition libre, n'était pas libre.[3] Le *pater familias* était le souverain d'une société qui comprenait aussi bien ses esclaves que ses descendants libres. Pour devenir *sui juris,* c'est-à-dire capable juridiquement – on dirait aujourd'hui majeur – il fallait une démarche effectuée à l'initiative du père, exactement comme pour l'esclave. Sous l'empire, elle nécessitait l'aval de l'empereur, sous la forme d'une lettre.[4] Dans ses formes anciennes, elle supposait que le père vende son propre fils trois fois à un autre propriétaire avant de pouvoir l'affranchir, ce qui montre bien

3. D. Youf, « Seuils juridiques d'âge : du droit romain aux droits de l'enfant », *Sociétés et jeunesses en difficulté,* n° 11, printemps 2011.

4. L'Encyclopédie de Diderot et d'Alembert, article *Émancipation*.

l'assimilation entre les deux émancipations, celle de l'esclave et celle du fils de famille.

Aujourd'hui en revanche – vingt siècles plus tard – même si on parle encore d'émancipation pour l'accès des mineurs à l'autonomie juridique et économique avant l'âge légal de 18 ans, le terme a **une signification essentiellement politique et sociale.** On parle de l'émancipation des femmes, comme naguère des peuples colonisés ; on parle, avec Marx et les socialistes utopiques, de l'émancipation des travailleurs opprimés et exploités, ou encore de l'émancipation des classes sociales défavorisées.

Dans toutes ces acceptions, l'émancipation désigne un processus qui est à accomplir par les individus ou les groupes concernés eux-mêmes. L'idée qu'elle pourrait être octroyée par leurs oppresseurs semble contraire au concept même d'émancipation. On ne peut que **se libérer soi-même et par soi-même ;** une autonomie accordée par le dominant est encore un signe de sa domination. Elle perpétue celle-ci sous de nouvelles formes plus hypocrites. On parlera par exemple de néocolonialisme pour caractériser la domination coloniale qui continuerait après les indépendances des anciennes colonies ; ou de paternalisme pour dénoncer la fausse bienveillance qui substitue à la dépendance juridique une dépendance affective plus difficile à déceler.

D'une émancipation ayant un sens essentiellement juridique, accordée par celui qui détient le pouvoir à celui qui le subit, on est donc passé à un sens beaucoup plus large, à la fois social, économique, psychologique et politique. Il concerne d'abord le dominé, s'émancipant par sa propre volonté contre celle du dominant. Comment s'est effectuée cette évolution ? C'est l'objet de ce chapitre.

Nous distinguerons, dans ce parcours, **trois grandes figures de l'émancipation[5].** Elles correspondent à trois périodes de l'histoire occidentale – l'Antiquité, la Renaissance et l'âge classique, l'époque moderne. Mais ce découpage chronologique correspond aussi à **trois conceptions, trois orientations philosophiques : éthique, universaliste et individualiste** qui perdurent et se côtoient dans la notion d'émancipation telle que nous la comprenons aujourd'hui. Chaque nouvelle avancée ne supprime pas les précédentes, mais les intègre, les remanie dans un équilibre toujours fragile qu'il nous faudra analyser dans les chapitres ultérieurs.

La figure antique (et éthique) de l'émancipation

Dans la Grèce classique, celle des Ve et IVe siècles avant J.-C., l'éthique ne se distingue pas du poli-

5. Cf. Tableau de synthèse p. 83.

tique. Le citoyen, membre de la *polis* (la cité) s'accomplit simultanément et indissociablement en exerçant collectivement le pouvoir par le biais des délibérations sur l'agora, et en partageant avec ses pairs des activités philosophiques, gymniques ou autres. Il manifeste sa liberté à la fois en participant à la vie de la cité (et le cas échéant en la défendant par les armes) et en se livrant à des jeux du corps et de l'esprit dégagés de toute préoccupation utilitaire.

Dans cette optique, la notion d'émancipation n'a pas de sens. Comme le dit Aristote, « dès la naissance, une distinction s'établit entre les êtres : les uns sont destinés à obéir, et les autres à commander »[6]. On est libre ou esclave par nature : il serait absurde qu'un esclave devienne libre (ou un homme libre esclave) car ce serait contrarier la nature. La seule signification que pourrait avoir à la rigueur s'émanciper, c'est, pour les hommes libres, de combattre la barbarie, symbole de servitude. Les guerres des Grecs contre les Perses, empire dont les habitants sont soumis à un souverain tout-puissant, symbolisent cette lutte pour préserver non seulement la liberté des cités, mais celle des citoyens. L'émancipation ne peut se concevoir que par rapport à une menace extérieure d'asservissement ; et elle ne peut prendre que la forme du combat, de la

6. Aristote, *Politiques,* I, 5, Nathan, 2009.

guerre défensive ou préventive contre un ennemi ignorant les principes même de la citoyenneté.

Tout change avec la période hellénistique, et plus encore l'époque romaine. La décadence des cités et l'avènement de l'empire romain conduisent à une **régression du politique.** Pour l'homme libre, l'essentiel ne se joue plus sur l'agora, dans la gestion collective des affaires publiques, mais dans **la sphère privée.** L'individualisme l'emporte sur le civisme : puisque de toute manière le pouvoir est aux mains d'une autorité lointaine et inaccessible – le Sénat, puis l'Empereur gouvernant l'empire depuis Rome – il faut d'abord réussir sa vie propre et se concentrer sur les relations qu'on entretient avec ses proches : la famille dont on doit maintenir l'harmonie sous l'autorité du *pater familias,* le domaine qu'il faut gérer sagement, les amis avec qui l'on partage ses loisirs.

Le contre-modèle de cette existence libre n'est plus le barbare, les peuplades non civilisées à vaincre militairement pour préserver son autonomie. Ce sont les proches non autonomes de la sphère domestique : les esclaves, les femmes, les enfants, qui sont « naturellement » soumis à l'autorité du maître de maison. L'émancipation trouve alors une nouvelle signification : par analogie avec l'émancipation – rare – de l'esclave et de l'enfant mineur, elle désigne un processus lent et continu de différenciation, d'accès à la maîtrise de soi. Il s'agit d'**être**

digne du droit qu'on possède de commander aux autres. Ce droit n'est pas seulement un pouvoir : il devient une **exigence éthique.** Pour mériter de commander aux autres, il faut savoir commander à soi-même. Cette exigence s'applique jusqu'à l'empereur. Racine fait dire à Auguste : « Je suis maître de moi comme de l'univers » : ce n'est plus, comme chez les Grecs du temps d'Aristote, une évidence native, mais un résultat chèrement acquis au prix d'efforts et de soins continus.

Michel Foucault, dans *Le souci de soi*[7], a bien décrit cette nouvelle attitude éthique, qui trouve sa formulation philosophique dans le stoïcisme et l'épicurisme. L'esclave, la femme et l'enfant sont des êtres « extravertis », dépendants d'une autorité qui leur est extérieure, soumis à des besoins qu'ils ne contrôlent pas. Cette dépendance entraîne un oubli de soi, une attention constamment fixée sur l'autre, qu'elle soit de soumission ou de séduction, d'obéissance ou de dissimulation, de crainte ou de défi.

Par opposition, l'homme libre est celui qui peut s'occuper de soi-même sans être submergé par le souci de sa subsistance ou le désir de plaire. S'occuper de soi-même, c'est, pour reprendre des expressions de Sénèque, « se faire soi-même » *(se facere)*, « se transformer soi-même » *(se formare)*,

---

7. M. Foucault, *Histoire de la sexualité, Tome 3 : Le souci de soi*, NRF Gallimard, 1984.

« revenir à soi » *(ad se recurrere),* « devenir soi-même » *(suum fieri).*

Ce n'est pas une démarche propre à une période de la vie comme l'enfance ou l'adolescence : elle ne se confond pas avec l'éducation qu'on donne aux jeunes avant qu'ils n'accèdent à la maturité. Elle n'est pas non plus l'apanage des vieillards qui tireraient de leur grand âge une sagesse leur permettant d'affronter sereinement la mort. C'est une exigence valable pour tous les hommes libres, durant toute la vie : **il n'y a pas d'âge pour s'occuper de soi.** Sénèque dit encore : « Il faut apprendre à vivre toute sa vie ».

L'émancipation, dans cette perspective, s'identifie à la *potestas sui,* la maîtrise de soi, condition de la maîtrise des choses et des événements de la vie. Même si, avec Aristote, on continue à croire qu'il y a par nature des êtres libres et d'autres esclaves ou soumis à une autorité, la souveraineté des hommes libres ne va plus de soi. Elle doit se gagner, se justifier, se conforter et se confirmer sans cesse. Même l'homme libre par nature est initialement soumis aux passions, à la crainte, à des désirs déraisonnables, aux illusions. Il est esclave, non d'un maître hors de lui, mais d'un despote intérieur mille fois plus tyrannique que le pire des maîtres. Comme l'esclave, il peut et il doit s'en affranchir – procéder lui-même à son émancipation.

On voit le paradoxe : alors que dans la Grèce classique l'homme libre vivait d'emblée selon des principes incommensurables avec ceux régissant l'existence de l'esclave, désormais le modèle de l'esclave s'applique aussi à l'homme libre. Tout le monde est toujours, déjà, esclave, même quand il a le statut juridique de l'homme libre. Tout le monde doit s'émanciper de cet esclavage originel. L'homme libre est simplement celui qui a le pouvoir de le faire par soi-même, alors que l'esclave dépend du pouvoir d'un autre.

C'est pourquoi en fin de compte cette éthique de l'émancipation intérieure finira par s'appliquer même aux esclaves. Epitècte, l'un des fondateurs du stoïcisme, a été esclave avant d'être affranchi. Il montre que même un esclave peut se libérer des peurs et des désirs qui l'oppriment autant que le maître auquel il est soumis. Le *Manuel* qu'il écrira vaut pour tous les humains, libres ou esclaves, hommes ou femmes. Il deviendra l'un des inspirateurs de l'empereur Marc Aurèle.

L'émancipation, à travers la notion de *potestas sui,* maîtrise de soi qui ne dépend que de soi, cesse donc de s'identifier à un statut juridique ou social. Elle devient **un concept universel ;** elle acquiert un statut et une signification éthiques. Elle est liée à tout un ensemble d'exercices, de tâches pratiques, d'activités diverses visant à développer et conforter la liberté intérieure quels que soient les aléas de la vie. Comme le dit Foucault, « s'occuper de soi n'est pas une sinécure ». On apprend à s'émanciper par les soins donnés au corps, l'adoption d'un régime de santé frugal, les exercices physiques qui fortifient l'endurance et la résistance aux épreuves, mais aussi par des méditations, des lectures, des conversations avec des amis choisis, ou parfois en choisissant un guide, un directeur de conscience.

C'est pourquoi l'émancipation n'est pas un processus solitaire. C'est, selon Foucault, « une véritable pratique sociale ». **S'émanciper, c'est s'arracher au *pathos,* c'est-à-dire à un état de passivité et de dépendance.** Celui-ci vaut pour le corps : la vulnérabilité aux maladies, la sensibilité excessive aux conditions physiques d'existence, par exemple au confort d'un lit douillet, d'une nourriture raffinée, d'une demeure luxueuse, etc. manifestent l'asservissement du moi à des conditions qui ne dépendent pas de lui. Mais il vaut aussi pour l'âme : l'esclavage des passions, une ambition effrénée ou le goût du pouvoir témoignent également d'une servitude qui vaut bien celle de l'esclave.

La notion d'esclavage revêt donc désormais un sens métaphorique ou analogique : ce n'est plus un statut juridique réservé à certains hommes, mais le symbole de la condition humaine. On est esclave de ses passions, de ses habitudes de vie, de ses richesses beaucoup plus que d'un maître tyrannique. On est libre quand on est capable de ne désirer et craindre que ce qu'on juge raisonnable, et non quand on jouit d'une position sociale éminente. L'opposition liberté/esclavage, de juridique, devient morale. « Rappelle-toi : si tu estimes libre ce qui est par nature esclave, et propre ce qui est étranger, tu seras entravé (...) ; mais si tu estimes tien ce qui est tien, étranger ce qui est étranger, personne ne te contraindra », écrit Epitècte.[8] On retrouve ici l'idée aristotélicienne que l'esclavage et la liberté sont des faits de nature : il y a des choses *naturellement* génératrices d'esclavage, comme les passions, les ambitions, la richesse ; et des choses *naturellement* principes de liberté, comme l'intelligence, la raison, la réflexion. Être libre ou esclave ne tient plus à une condition innée acquise une fois pour toutes : c'est **le résultat d'un choix** qui se présente constamment à nous.

Paradoxalement, c'est au moment où l'esclavage, comme pratique sociale, commence à disparaître, que les catégories de liberté et d'esclavage acquièrent dans la pensée morale une valeur structurante universelle. « Seul le sage est libre, tandis que les hommes mauvais sont esclaves »[9] : on peut être juridiquement un homme libre et moralement esclave, tandis qu'à l'inverse un esclave au sens juridique peut être un homme moralement et intel-

8. Epitècte, *Manuel*, I, 1, GF/Flammarion, 1997.

9. Diogène Laërce, *Vies, doctrines et sentences des philosophes illustres*, VII, p. 121-122, Flammarion, 1965.

lectuellement libre. Cette inversion de sens s'opère par le biais du concept d'émancipation et sa transposition de la sphère juridique à la sphère éthique.

Entre le corps et l'âme, tout un système d'échanges et de correspondances s'établit, qui fait de la servitude une notion multiforme et polysémique. Les mauvaises habitudes de l'âme (désirs et peurs déraisonnables, ambitions démesurées) peuvent entraîner des misères physiques qui soumettent le corps ; réciproquement les excès du corps favorisent et entretiennent les défauts de l'âme qui la tiennent en captivité : paresse, luxure, mollesse. Il y a comme une démultiplication et une potentialisation réciproque des dépendances physiques et morales.

C'est pourquoi **le processus d'émancipation est lui aussi indissociablement physique et moral :** il faut affranchir le corps de ses liens pour libérer l'âme, et *vice-versa*. Médecine et éthique s'associent et interfèrent constamment pour viser le même résultat, celui d'une maîtrise de soi pleine et entière.

Michel Foucault cite quelques-unes de ces pratiques à la fois médicales, sociales et morales : elles visent à « rendre capable de se passer du superflu en constituant sur soi une souveraineté qui ne dépende aucunement de leur présence ou de leur absence »[10]. Il en va ainsi des « stages de pauvreté fictive » à faire tous les mois : il s'agit de se placer pendant quelques jours « aux confins de la misère », en couchant à la dure, en s'habillant de vêtements grossiers, en mangeant du mauvais pain, afin de se prouver à soi-même qu'on est capable de se passer des conditions de vie confortables dont on jouit habituellement. Déjà Plutarque mentionne des exercices consistant à pratiquer intensément un sport pour s'ouvrir l'appétit, à se placer devant des tables chargées de mets succulents, puis à les laisser aux serviteurs pour ne manger soi-même que la nourriture des esclaves. Cette pratique est intéressante, car elle marque bien le renversement intervenu depuis l'époque classique : la condition des esclaves, quand elle est librement assumée, devient émancipatrice, tandis qu'au contraire celles des hommes libres (et notamment des riches), quand elle devient une habitude dont on ne peut se passer, devient un esclavage.

L'émancipation *(conversio ad se)* est une trajectoire « grâce à laquelle, échappant à toutes les dépendances et tous les asservissements, on finit par se rejoindre soi-même, comme un havre à l'abri des tempêtes ou comme une citadelle que ses remparts protègent »[11]. Au modèle militaire de la

---

10. Michel Foucault, *Histoire de la sexualité, Tome 3, op. cit,* p. 75.

11. *Ibid.,* p. 82.

guerre contre les barbares et la menace d'asservissement à un despotisme obscurantiste se substitue

Un exemple d'émancipation selon la figure éthique : Epictète

Si tu veux que tes enfants, ta femme et tes amis vivent toujours, tu es fou ; car tu veux que les choses qui ne dépendent point de toi en dépendent, et que ce qui est à autrui soit à toi. De même si tu veux que ton esclave ne fasse jamais de faute, tu es fou ; car tu veux que le vice ne soit plus vice, mais autre chose. Veux-tu n'être pas frustré dans tes désirs ? Ne désire que ce qui dépend de toi.

Le véritable maître de chacun de nous est celui qui a le pouvoir de nous donner ou de nous ôter ce que nous voulons ou ne voulons pas. Que tout homme, donc, qui veut être libre, ne veuille et ne fuie rien de tout ce qui dépend des autres, sinon il sera nécessairement esclave.

Epictète, *Manuel, XIV*

On voit dans ce texte que l'émancipation consiste uniquement dans un mouvement intime de libération des désirs et des causes extérieures de sujétion. L'esclave se définit par ses « vices », c'est-à-dire son incapacité à atteindre la maîtrise de soi. Pour être son propre maître, il faut accéder à l'autonomie, c'est-à-dire se rendre indifférent à tout ce qui ne dépend pas de nous. Je m'émancipe, non pas en agissant sur les causes extérieures qui m'oppriment, mais sur le désir intérieur qui me fait considérer qu'elles sont nécessaires à mon bonheur. D'où la célèbre maxime : « Il faut changer ses désirs plutôt que l'ordre du monde ».

le modèle du voyage, de la navigation vers un port synonyme de sécurité et de sérénité. L'émancipation devient un processus de « rachat de soi-même » vis-à-vis de toutes les dominations auxquelles on est initialement soumis. Il s'agit de jouir de soi comme d'une chose qu'on a en sa possession et sous les yeux ; de prendre plaisir à soi-même *(gaudium sui),* de devenir pour soi l'objet d'un plaisir d'autant plus grand qu'il est inaliénable.

La figure classique (universaliste) de l'émancipation

Le christianisme primitif marque une éclipse de ce modèle antique et éthique de l'émancipation. Même si l'on trouve chez Saint Paul des expressions qui semblent relever de la rhétorique de l'esclavage et de la liberté (« J'ai été vendu comme esclave du péché », « Vous n'avez pas reçu un esprit qui vous rend esclaves et vous ramène à la peur »[12]), le thème de l'émancipation cède la place à celui de la rédemption. La libération de l'homme n'est pas de son propre fait ; elle est accomplie par Dieu, par le sacrifice du Christ, et elle dépend de la grâce divine.

---

12. Saint Paul, *Épître aux Romains,* 8, v. 14-15, Flammarion, 1987.

Il faut attendre les débuts de la Renaissance pour voir resurgir l'idée de l'émancipation. Mais on relève deux différences par rapport à la figure antique. En premier lieu, elle n'est plus pensée comme l'accès à la souveraineté et à la maîtrise d'un individu concret, singulier, agissant et réfléchissant pour lui-même – mais d'un sujet rationnel se définissant par sa capacité d'accéder à la dimension de l'universalité. **Ce qui est valable pour moi doit être valable pour tous :** c'est à cette seule condition que la liberté est légitime et souhaitable.

En second lieu, l'émancipation n'a plus pour contre-modèle l'esclavage, qu'il soit domestique (passions, besoins, attachements) ou politique (la tyrannie, le despotisme de l'empire des Perses) mais les illusions, les préjugés, la superstition qui empêchent le sujet d'accéder à la rationalité qui le constitue.

Autrement dit, l'émancipation n'est plus pensée comme un arsenal de techniques (celles qui caractérisent le « souci de soi ») permettant d'atteindre la *gaudium sui,* la jouissance de soi dans la sérénité d'une sagesse durement acquise. Elle devient une science, ou plutôt la Science elle-même comme accès à la vérité des choses et des êtres, principe d'harmonie et de progrès.

Le savoir libère en lui-même et par lui-même, sans avoir besoin de recourir à la médiation de techniques du corps et de l'esprit. L'émancipation se confond avec cette diffusion des connaissances dans la société ; elle se ramène à l'éducation, qui permettra de triompher des croyances et des erreurs qui font le lit du despotisme.

De là ce qu'on pourrait appeler **le retour du politique.** Nous avons vu que l'identification de la liberté avec la citoyenneté s'était lentement effacée en passant de la Grèce classique à la période hellénistique, puis à l'empire romain. La notion d'émancipation est née de cette individualisation de la liberté ; elle exige une ascèse individuelle, une éthique personnelle s'exerçant dans des collectivités restreintes, de type familial et amical.

Avec la Renaissance et surtout le siècle des Lumières, l'émancipation se socialise et surtout elle se politise. On n'est plus esclave de ses passions et de ses désirs – ou, avec le christianisme, de ses péchés. On est d'abord esclave d'un tyran, d'une société oppressive et obscurantiste dont on est à la fois victime et complice, par sa passivité. **S'émanciper, ce sera d'abord se révolter contre l'oppression, résister à toutes les formes de sujétion,** détruire les instruments de la domination, s'arracher à l'ignorance. L'affirmation positive de la liberté passe par une phase préalable de négation, contestation, opposition au pouvoir despotique. **L'émancipation devient une démarche collective** et non plus une ascèse individuelle.

La Boétie et l'énigme de la servitude volontaire

La Boétie est un des premiers à avoir posé la question de l'émancipation de cette nouvelle manière. Le titre même de son ouvrage – *Discours de la servitude volontaire* – fait référence au contre-modèle antique de l'esclavage. Il s'agit toujours de s'affranchir d'un joug appréhendé comme inacceptable. Mais l'adjonction de « volontaire » à la servitude constitue un oxymore qui suscite d'emblée la curiosité. Comment peut-on être volontairement esclave ? N'est-ce pas là une contradiction dans les termes ? Comment se peut-il « que tant d'hommes, tant de bourgs, tant de villes, tant de nations supportent quelquefois un tyran seul qui n'a de puissance que celle qu'ils lui donnent, qui n'a de pouvoir de leur nuire qu'autant qu'ils veulent bien l'endurer, et qui ne pourrait leur faire aucun mal s'ils n'aimaient mieux tout souffrir de lui que de le contredire ? »[13].

L'asservissement ne peut s'expliquer par la force du tyran, car « ce tyran seul, il n'est pas besoin de le combattre ni de l'abattre. Il est défait de lui-même, pourvu que le pays ne consente point à sa servitude (…) Ce sont donc les peuples eux-mêmes qui se laissent, ou plutôt qui se font malmener, puisqu'ils

13. É. de La Boétie, *Discours de la servitude volontaire*, Mille et une nuits, 1995, p. 8.

en seraient quittes en cessant de servir. C'est le peuple qui s'asservit et se coupe la gorge »[14].

On voit le paradoxe : l'émancipation est à portée de main, il suffirait de la vouloir. Nul besoin de cette ascèse complexe et laborieuse du sage antique ; nul besoin de s'imposer des exercices difficiles et répétés. Face à un tyran objectivement faible, la simple affirmation de la liberté, le simple refus d'obéir abolirait la domination. Mais de manière incompréhensible, cette affirmation, les peuples ne la font pas ; ce refus, ils ne l'accomplissent pas. « Il est une seule [chose] que les hommes, je ne sais pourquoi, n'ont pas la force de désirer : c'est la liberté, bien si grand et si doux ! »[15]

Ce « je ne sais pourquoi » est un aveu d'ignorance et d'impuissance. Il marque un infléchissement décisif dans la problématique de l'émancipation. Le sage antique – Epitècte, Sénèque – *savait pourquoi* les hommes sont asservis à leurs passions : ils naissent faibles, leur intelligence est limitée, ils ne sont pas capables d'emblée de discerner où est le bien. D'où la nécessité d'exercices tout au long de la vie pour développer ces capacités.

Ici, en revanche, les peuples sont d'emblée capables d'être libres ; et pourtant ils ne le sont pas. Il y a là une énigme qui exige d'être éclaircie : com-

14. *Ibid.*, p. 12.

15. *Ibid.*, p. 13.

ment peut-on ne pas vouloir être libre ? Pourquoi est-il nécessaire de s'émanciper, alors que la liberté devrait aller de soi ? Pourquoi l'histoire de l'humanité est-elle celle d'une chute graduelle dans la servitude, l'inégalité, l'oppression, alors que dans l'état de nature, qui devrait être aussi l'état de droit, elle n'a pas lieu d'être ? Ces questions vont occuper la scène philosophique jusqu'à Rousseau et Kant, c'est-à-dire la fin du XVIIIe siècle.

La Boétie tente d'y répondre d'après le modèle à sa disposition, celui de l'émancipation dans sa figure antique. La première explication qu'il donne se situe dans la droite ligne de celle-ci : il faut penser le consentement à la servitude comme un aveuglement. « Pauvres gens misérables, peuples insensés, nations opiniâtres à votre mal et aveugles à votre bien ! »[16] On rejoint ici les exclamations de Sénèque sur la folie des hommes, leur incapacité à discerner leur véritable bien, leur entêtement dans l'erreur, source de leurs souffrances. On est toujours dans un registre éthique, celui de la culpabilité : les hommes sont responsables de leur propre malheur ; seule une véritable conversion morale (et religieuse dans le cas du christianisme) permettrait qu'ils s'émancipent.

Mais très vite, La Boétie sent l'insuffisance de cette réponse. Elle est plutôt de l'ordre de l'imprécation

16. *Ibid.*, p. 14.

que de l'explication : on maudit les hommes de prendre la mauvaise voie, on les exhorte à changer de conduite. Or la Renaissance, avec le renouveau des études scientifiques, demande qu'on cherche à connaître la cause des phénomènes, et non pas seulement s'ils sont bons ou mauvais. Le discours du moraliste cède rapidement la place à celui du sociologue : il s'agit d'analyser les mécanismes d'un processus et non pas seulement de le critiquer. Ou plutôt, la **véritable critique passe par le savoir scientifique :** en connaissant ces mécanismes, on se donne les moyens de s'en affranchir.

Trois causes sont mises en évidence.

Tout d'abord, *l'habitude :* « Les hommes nés sous le joug, puis nourris et élevés dans la servitude, sans regarder plus avant, se contentent de vivre comme ils sont nés et ne pensent pas avoir d'autres biens ni d'autres droits que ceux qu'ils ont trouvés ; ils prennent pour leur état de nature l'état de leur naissance[17] ». Plus la servitude est ancienne, plus l'émancipation sera difficile. L'état social crée comme une « seconde nature » qui se substitue à la nature originelle, la recouvre, la refoule. L'émancipation suppose alors tout un travail pour ainsi dire archéologique afin de retrouver celle-ci sous les superstructures accumulées par celui-là. On voit ici s'esquisser une conception non plus

17. *Ibid.*, p. 21.

seulement éthique, mais stratégique et pédagogique de l'émancipation : l'exhortation ne suffit pas, il faut conduire les individus assujettis à redécouvrir ce qui est en eux, à exhumer leur liberté naturelle sous les habitudes sédimentées par l'éducation et la culture.

Une seconde cause réside dans *les dispositifs fabriqués par les dominants* pour abuser leurs sujets. « Tous ces peuples se laissent promptement allécher à la servitude, pour la moindre douceur qu'on leur fait goûter (...). Le théâtre, les jeux, les farces, les spectacles, les gladiateurs, les bêtes curieuses, les médailles, les tableaux et autres drogues de cette espèce étaient pour les peuples anciens les appâts de la servitude[18] ». La domination repose sur ce que Pascal appellera l'art du divertissement : il y a des procédés pour détourner l'attention des gouvernés des spoliations qu'on leur inflige. Les dominants sont comme des prestidigitateurs habiles à diriger le regard des spectateurs d'un côté pendant qu'ils procèdent à une manœuvre subreptice de l'autre. La servitude n'est plus l'expression générale de la faiblesse de la nature humaine, comme dans la figure antique. Elle devient un effet calculé et concerté. Il existe des techniques de manipulation des hommes qu'il faut connaître pour les déjouer. L'émancipation n'est plus seulement une affaire de

18. *Ibid.*, p. 31.

bonne volonté, de conversion éthique ou religieuse. Elle exige de l'habileté, un savoir-faire qu'il faut acquérir par l'étude des mécanismes idéologiques et psychologiques de la domination.

Enfin, une troisième cause peut être décelée dans *l'organisation sociale* mise en place par les dominants. « Il en a toujours été ainsi : cinq ou six ont eu l'oreille du tyran et s'en sont rapprochés eux-mêmes, ou bien ils ont été appelés par lui pour être les complices de ses cruautés, les compagnons de ses plaisirs (...). Ces six en ont sous eux six cents, qu'ils corrompent autant qu'ils ont corrompu le tyran. Ces six cents en tiennent sous leur dépendance six mille, qu'ils élèvent en dignité (...). Et qui voudra en dévider le fil verra que, non pas six mille, mais cent mille et des millions tiennent au tyran par cette chaîne ininterrompue qui les soude et les attache à lui »[19]. La servitude est démultiplicatrice par essence ; elle développe toute une pyramide d'intérêts entrecroisés, de solidarités imbriquées qui la fortifient, la complexifient, et rendent l'édifice social plus solide qu'on ne l'imaginerait. « Le tyran asservit les sujets les uns par les autres »[20].

Ici encore l'émancipation suppose qu'on s'arrache à une naïveté morale imaginant à tort qu'en s'en prenant au seul tyran (ou à ses adjoints immédiats)

---

19. *Ibid.*, p. 39.

20. *Ibid.*, p. 40.

on renversera la tyrannie. Celle-ci n'est pas un phénomène exceptionnel ou pathologique, mais une forme d'organisation sociale normale, un type de société qu'il faut analyser et démonter comme un mécanisme si on veut agir sur lui. La protestation ne suffit pas ; il faut l'étayer par une connaissance sociologique des structures qui fondent la domination. Toute la critique sociologique moderne, telle qu'elle se développera à partir de Marx, est ici en germe.

En fin de compte, **l'émancipation est à la fois une affaire d'éducation** (pour transformer les habitudes), **d'action idéologique** (pour retourner contre la servitude les mécanismes culturels qui la produisent) **et de lutte politique** (pour casser les solidarités qui jouent en faveur de la tyrannie).

Spinoza : l'émancipation par la joie

Spinoza reprend cette démarche d'un point de vue philosophique. Comme La Boétie, il observe que la liberté devrait être naturelle : dans l'état de nature, liberté et égalité vont de pair. Les hommes étant sensiblement égaux, aucun ne peut asservir l'autre. L'un peut bien rosser l'autre, lui voler occasionnellement sa nourriture ; mais ces violences individuelles ne sauraient déboucher sur un état social structurellement oppressif.

Les sociétés primitives, étant les plus proches de l'état de nature, devraient donc être démocratiques. La démocratie représente la forme d'équilibre politique la plus simple, la plus économique en termes de moyens mis en œuvre, la plus spontanée : quoi de plus naturel que de discuter pour coopérer, et de délibérer pour décider ?

Comme La Boétie, Spinoza se demande pourquoi et comment ces formes de « démocratie originelle » disparaissent au profit de régimes politiques asservissants. La réponse qu'il donne est dans la ligne du *Discours de la servitude volontaire :* c'est l'état des mœurs qui explique cette disparition rapide. Dans les sociétés primitives, les sciences sont peu développées, la raison embryonnaire. L'imagination règne, et avec elle les passions, la superstition. Dès que survient une catastrophe, une famine, un malheur, on l'attribue à la colère d'une puissance surnaturelle. Certains exploitent cette crédulité à leur profit : ils se font les porte-parole de la divinité, et s'en servent pour établir leur domination sur les autres hommes.

C'est la contradiction entre les institutions démocratiques et les mœurs barbares qui engendre l'oppression. La démocratie suppose un certain avancement des sciences et de la rationalité : pour délibérer il faut **savoir argumenter, expliquer, analyser,** justifier, écouter l'interlocuteur, comprendre son point de vue. Ces capacités sont liées au développement de la culture, au sens large du terme. La démocratie implique un certain degré de civilisation qui n'est pas atteint d'emblée. La domination est liée aux débuts de l'histoire humaine ; elle n'est pas un accident ou une faute morale, mais un stade nécessaire, une étape incontournable de l'évolution sociale.

Spinoza introduit donc une **dimension historique** dans le concept d'émancipation : on ne saurait s'émanciper n'importe quand ni n'importe comment. Un certain nombre de conditions économiques, culturelles et techniques doivent être réunies pour qu'elle soit possible.

Comme La Boétie, il lie la domination à la mise en œuvre de mécanismes sophistiqués de manipulation et de mystification : « Le grand secret du régime monarchique et son intérêt majeur est de tromper les hommes, et de masquer du nom spécieux de Religion la crainte par où ils doivent être maîtrisés, afin qu'ils combattent pour leur servitude comme si c'était pour leur salut » [21]. Tout état de servitude implique un dispositif de fabrication d'illusion où la religion joue un rôle essentiel. Le pouvoir de certains hommes sur les autres ne peut apparaître inaccessible et intangible que s'il est revêtu des attributs de la sacralité.

---

21. B. Spinoza, Préface, *Traité théologico-politique,* Hatier Profil, 1993, p. 58.

C'est pourquoi l'émancipation est d'abord liée à une critique de la religion, dans certains de ses aspects les plus essentiels : ainsi l'idée de *soumission* à un Dieu providentiel, « qui nous limite dans notre désir de connaître et nous fait flotter sans cesse entre l'espérance et la crainte » ; ou encore l'idée *d'immortalité,* « qui n'est que l'image restreinte du désir d'éternité »[22].

Cette religion ne sera pas combattue simplement par une critique idéologique, mais aussi par la pratique des passions positives : l'amour, la joie, la connaissance, qui seules sont en mesure de dissiper les passions négatives comme la peur, la méfiance, l'égoïsme.

D'une certaine manière on en revient ainsi à la figure éthique de l'émancipation ; mais l'éthique spinoziste se fonde sur une connaissance rationnelle de l'être et du monde. Ce qu'il faut opposer aux régimes tyranniques générateurs d'afflictions, ce ne sont pas des imprécations mais la béatitude de celui qui « conçoit les choses avec une sorte d'éternité »[23] et agit en conséquence. C'est pourquoi **s'émanciper est à la fois une démarche personnelle** (convertir les passions tristes en passions joyeuses) **et une démarche collective** (lutter pour

22. M. Pardo, « Introduction », in B. Spinoza, *Traité théologico-politique, op. cit.,* p. 42.

23. B. Spinoza, *Éthique,* Livre V, proposition 30, scolie.

un état qui favorise les secondes et réduise les premières).

Pour préciser ce point, Spinoza se demande quelle est, entre toutes les libertés, celle qu'on ne peut absolument pas supprimer, celle qui demeure lorsque toutes les autres ont été abolies : ce noyau ultime, irréductible, peut servir de base à la volonté d'émancipation. Et il répond : ce qui ne saurait être réprimé, même par le régime le plus despotique, le plus totalitaire, c'est **la liberté de penser.** Car « personne ne peut, de gré ou de force, transférer à un autre son droit naturel, c'est-à-dire la faculté de raisonner librement et de juger de toutes choses (...) Ces croyances sont du droit de chacun, un droit que personne, le voulût-il, ne peut abandonner » [24]. Même l'esclave, qui est pourtant privé de tous ses autres droits et soumis à une contrainte absolue, ne peut être privé de cette faculté. L'oppression n'est donc jamais totale : il subsiste un noyau, un résidu de liberté inaliénable, et c'est cette irréductibilité qui rend possible l'émancipation. Sans elle, les hommes seraient « des bêtes ou des automates », dont il n'y a pas de sens à souhaiter leur émancipation. C'est parce que l'homme ne peut jamais aliéner sa liberté de penser qu'il est un homme, c'est-à-dire un être sinon libre, du moins susceptible de l'être, et en tout cas digne de l'être.

---

24. B. Spinoza, chapitre XX, *Traité théologico-politique, op. cit*, p. 65.

Spinoza se situe là dans le prolongement de Descartes, qui par le *cogito* définit l'homme comme un être pensant. Mais en même temps il lui fait subir une torsion décisive. Pour Descartes, les hommes sont hommes dans la mesure où ils pensent *la même chose :* le bon sens « est la chose du monde la mieux partagée » ; les évidences de la raison, qu'elles soient mathématiques ou philosophiques, unissent les hommes dans une communauté d'évidence. Spinoza au contraire définit la pensée par la divergence : quelle que soit la force de contrainte ou de persuasion pour susciter un consensus, « jamais cependant on n'est parvenu à empêcher les hommes d'expérimenter que chacun garde son « quant à soi », et qu'il y a autant de différences entre les pensées qu'entre les goûts » [25]. Là où Descartes prône une unanimité toujours suspecte d'être forcée, Spinoza pose une diversité de principe qui est le fondement même de la liberté. Si les hommes pensaient ou devaient penser tous la même chose, il n'y aurait pas besoin de les rendre libres, et par conséquent il n'y aurait pas d'émancipation possible.

Ce qu'on ne peut interdire, il faut l'accorder. « Ce que l'on ne peut empêcher doit être permis nécessairement, même s'il s'ensuit souvent un dom-

25. *Ibid.*, p. 66.

mage. »[26] C'est parce que la liberté de penser est irréductible que le pouvoir politique n'a aucune légitimité à prétendre la restreindre ou la contrôler. L'émancipation ne consiste donc pas, pour Spinoza, à reconnaître aux hommes un droit qu'ils n'auraient pas, une capacité dont ils seraient actuellement privés. Elle consiste au contraire à **consacrer une liberté qui est déjà là.** Un État qui voudrait régenter les pensées serait nécessairement dans la fausseté et l'illusion. Un État peut réglementer les actes, limiter la liberté d'agir, restreindre les conduites, parce qu'il y a des impératifs de sécurité et d'efficacité, et qu'il possède des moyens pour cela : la police, la justice. En revanche, réprimer les pensées est un objectif irréalisable, et même nuisible, parce que générateur de violences. « Les vrais perturbateurs sont ceux qui, dans une libre République, veulent cependant enlever la liberté de jugement, qu'il est impossible de réprimer »[27].

En définitive, on trouve chez Spinoza deux des traits essentiels qui caractérisent la figure classique de l'émancipation : d'une part, l'idée du *droit naturel,* c'est-à-dire d'une liberté inaliénable, constitutive de l'homme, qui fonde toute revendication de liberté ; et d'autre part, la **dimension politique** de tout processus de libération. Contrairement aux

26. *Ibid.*, p. 70.

27. *Ibid.*, p. 74.

Anciens, **on ne s'émancipe pas tout seul, mais ensemble ;** la liberté de penser n'a de sens que parce qu'elle se confronte à celle de l'autre, qui pense différemment de moi. La volonté d'émancipation, qui est initialement personnelle (désir d'affirmer publiquement ses opinions et ses goûts), permet de discriminer entre les régimes politiques ; elle détermine la démocratie comme le régime « qui se rapproche le mieux de l'état naturel »[28], et par conséquent suscite un engagement pour promouvoir et défendre une « libre République », comme par exemple la ville d'Amsterdam, « république très florissante, ville si remarquable où les hommes de toutes nations et de toutes confessions religieuses vivent dans la concorde la plus parfaite ».

Cette référence n'est pas anodine : elle signifie que l'émancipation n'est pas un projet utopique, un idéal lointain, un rêve qui mettrait des générations à se réaliser. *Elle est déjà là,* toute proche, à portée de main et de regard. Spinoza nous invite à **considérer moins l'avenir que le présent :** s'émanciper, ce n'est pas espérer, imaginer un futur radieux où tous les hommes seraient libres et heureux. C'est savoir repérer et observer, tout près de soi, des aspects de la réalité qui montrent que la liberté est à l'œuvre, ici et maintenant. **On ne s'émancipe jamais que parce qu'on l'est toujours déjà un peu.**

---

28. *Ibid.*, p. 73.

Condorcet : l'émancipation comme instruction

Condorcet convertira ce programme politique en programme éducatif. Comme La Boétie et Spinoza, il s'interroge d'abord sur « la manière dont les erreurs générales s'introduisent parmi les peuples, s'y propagent, s'y transmettent, s'y perpétuent »[29]. Il s'agit de savoir « comment les peuples ont été trompés, corrompus, ou plongés dans la misère » ; comment s'est opérée « cette séparation de l'espèce humaine en deux portions, l'une destinée à enseigner, l'autre faite pour croire ; l'une cachant orgueilleusement ce qu'elle se vante de savoir, l'autre recevant avec respect ce qu'on daigne lui révéler ; l'une voulant s'élever au-dessus de la raison, et l'autre renonçant humblement à la sienne »[30].

D'emblée, la question de la domination et celle de l'illusion sont étroitement liées : celle-ci n'existe qu'au service de celle-là. Le savoir n'est pas seulement un enjeu de connaissance, mais de pouvoir. Avant d'être une étude désintéressée des phénomènes, la science est « l'art de tromper les hommes pour les dépouiller ». La médecine, l'astronomie, et même les mathématiques sont d'abord des moyens de se distinguer du commun des hommes, et d'ac-

29. Condorcet, *Esquisse d'un tableau historique des progrès de l'esprit humain,* GF-Flammarion, 1988, p. 87.

30. *Ibid.*, p. 95.

quérir sur eux une autorité scientifique, mais aussi politique. Pour les membres de cette caste dominante – les prêtres, les mages, les devins, les astrologues – « le progrès des sciences n'était qu'un but secondaire, qu'un moyen de perpétuer ou d'étendre leur pouvoir » [31]. Il leur a permis de « s'emparer de l'éducation, pour façonner l'homme à supporter plus patiemment des chaînes identifiées pour ainsi dire avec son existence, pour écarter de lui jusqu'à la possibilité du désir de les briser » [32].

Ici encore, il s'agit d'abord **d'élucider les mécanismes de la domination** avant de parler d'émancipation. Il s'agit d'expliquer comment on a pu passer d'une situation d'égalité initiale – celle de l'état de nature et des premières sociétés – à l'inégalité et au despotisme des sociétés plus avancées. Il s'agit de comprendre ce paradoxe qui fait que le progrès des connaissances, des arts et des techniques, des capacités de production et de la richesse globale – bref de la civilisation – se traduit par une régression démocratique, une aggravation de l'injustice, un accroissement de l'exploitation et de l'oppression – bref une restriction des libertés.

Contrairement à Rousseau, Condorcet ne pense pas que les sciences et les arts soient en eux-mêmes responsables de cette régression. Mais il est

31. *Ibid.*, p. 117

32. *Ibid.*, p. 119.

bien obligé de constater empiriquement qu'il y a confiscation du savoir par une minorité, qui s'en sert comme d'un instrument de domination. Il y voit une situation provisoire, liée aux conditions d'élaboration du savoir scientifique : il exige du temps, de la disponibilité, une éducation spécifique et longue, donc une séparation du travail intellectuel et du travail manuel. Il est inévitable que les savants – ou ceux qui se prétendent tels – vivent en exploitant les travailleurs manuels, qui leur procurent subsistance et confort de vie, sans donner immédiatement une contrepartie réelle en termes d'échanges. Puisqu'ils ne peuvent pas rendre réellement les biens qu'ils reçoivent, ils doivent fournir aux masses qu'ils dominent des services imaginaires. Ils doivent répondre à leurs craintes, leurs angoisses, leurs détresses par des solutions relevant du fantasme : ce sont les religions. Ils doivent même aggraver, multiplier ces craintes pour mieux asseoir leur domination.

Contrairement à Spinoza, Condorcet attribue donc la source de l'asservissement non à l'état rudimentaire des mœurs dans les premières sociétés, mais au contraire à leur perfectionnement. Paradoxalement, la servitude n'est pas une marque d'archaïsme ou de primitivisme, mais l'indice d'un développement humain qui rend nécessaires la division des tâches, la spécialisation des fonctions, la diversification des activités. Cette diversification, dans un premier temps, prend la forme de la domination d'une caste sur le reste du peuple.

Mais le progrès scientifique et technique, qui produit d'abord l'inégalité, va s'inverser et, de par ses avancées même, produire ensuite les conditions de l'émancipation. Le moment décisif, dans ce renversement, est l'invention de l'imprimerie. Elle n'est pas seulement une innovation technique importante. Elle est aussi un événement politique, car « elle a affranchi l'instruction des peuples de toutes les chaînes politiques et religieuses ». En effet « cette instruction, que chaque homme peut recevoir par les livres dans le silence et la solitude, ne peut être universellement corrompue : il suffit qu'il existe un coin de terre libre, où la presse puisse en charger ses feuilles » [33].

On relèvera l'analogie de ce raisonnement avec celui de Spinoza. Comme ce dernier, Condorcet fonde l'émancipation sur l'évidence d'une liberté irréductible et incontournable. Mais alors que Spinoza la rapportait à un caractère *naturel* de l'homme – la faculté de penser, irrépressible et inaccessible à tout pouvoir extérieur – Condorcet la rapporte à un fait historique et *artificiel :* l'apparition de l'imprimerie, qui rend impossible la répression des idées, car il existera toujours quelque part « un coin de terre libre » où l'on pourra imprimer et diffuser les livres

33. *Ibid.*, p. 190.

qui sont ailleurs censurés. Ce qui chez Spinoza était attribué à une nature humaine considérée *sub specie aeternitatis,* comme un trait universel et constitutif de l'esprit humain, devient chez Condorcet un événement technique, une innovation liée à l'essor des sciences mécaniques. Mais le résultat est identique : dans les deux cas l'émancipation n'est pas un simple espoir, une exhortation éthique dont on ne sait si elle sera suivie d'effets, comme une bouteille jetée à la mer. Elle devient une évidence et une nécessité : de même que pour Spinoza il est absurde d'interdire aux hommes de penser, de même pour Condorcet l'imprimerie rend à terme obsolète toute tentative de restreindre l'accès des hommes au savoir, et par là même au pouvoir.

Mais la voie de l'émancipation, du fait de cette différence de perspective, sera différente. Chez Spinoza, elle passe d'abord par la liberté accordée aux « auteurs », qui écrivent pour « les gens cultivés », de publier leurs opinions et d'en débattre. L'émancipation concerne essentiellement ce qu'on appellerait aujourd'hui les intellectuels : ce sont eux qui, en animant la vie publique par leurs controverses et leurs inventions, créent un climat de convivialité dont bénéficient tous les citoyens, même ceux qui n'ont pas reçu l'éducation nécessaire pour y participer. En exerçant leur liberté pour leur propre compte, ils préservent la possibilité pour tous de vivre dans une « libre République ».

Pour Condorcet en revanche, l'imprimerie porte en elle-même **l'exigence de l'universalisation du savoir.** Ce qu'un petit nombre connaît, il faut que tous le connaissent, au moins succinctement. C'est la division même entre les intellectuels et les autres qui est principe de servitude. C'est cette division qu'il faut abolir, et on ne peut le faire que par **l'instauration d'un système d'instruction publique et universelle.**

L'instruction doit **détruire tous les liens, tous les principes de dépendance qui créent de la servitude.** Ces principes, Condorcet les analyse précisément et rigoureusement. Il s'agit d'abord de pouvoir gagner sa vie sans dépendre d'un patron qui vous donne ou vous retire du travail à son gré : l'école enseignera « l'économie domestique » permettant à chacun d'administrer ses affaires ; elle dispensera une formation professionnelle, elle formera à un métier qui permette à chacun d'avoir une qualification et d'assurer sa subsistance.

Mais on peut aussi être dépendant parce qu'on ignore ses droits et les procédures pour les faire-valoir : l'école doit permettre au futur citoyen « de connaître ses droits, les défendre et les exercer »[34]. On peut encore être dépendant parce qu'on ne connaît pas la valeur des conduites, qu'on ne sait pas les comparer : il faut donc apprendre à « juger

34. *Ibid.*, p. 275.

ses actions et celles des autres », autrement dit devenir responsable.

On peut aussi être dépendant d'un politicien à qui l'on se confie aveuglément, et dont on ne voit pas l'incompétence ou la malhonnêteté : il faut donc « être en état de choisir et surveiller » ses représentants.

On peut être dépendant parce qu'on croit à des chimères qui vous rendent malheureux, qui créent des espérances ou des peurs imaginaires : il faut donc apprendre à « n'être plus la dupe de ces erreurs populaires qui tourmentent la vie de craintes superstitieuses, à se défendre contre les préjugés avec la seule force de sa raison ». On peut enfin être dupe d'un escroc habile, d'un beau parleur : il faut apprendre au futur citoyen à « échapper aux prestiges du charlatanisme, qui tendrait des pièges à sa fortune, à sa santé, à la liberté de ses opinions et de sa conscience, sous prétexte de l'enrichir, de le guérir et de le sauver ».

On le voit, le programme d'émancipation qu'élabore Condorcet touche à tous les aspects de la vie. Il concerne même la langue : car « l'usage d'une langue plus grossière ou plus raffinée » est déjà un élément de différenciation qui produit la domination. Le but commun de tous les apprentissages, c'est de faire en sorte que les citoyens ne dépendent plus « d'hommes habiles qui les gouvernent par un ascendant nécessaire ». Le but n'est pas de supprimer toutes les inégalités ni toutes les supériorités : émanciper n'est pas niveler. Il y aura toujours « des différences de lumières ou de talents » entre les hommes ; mais ces différences ne produisent plus la domination de certains sur d'autres, parce que ceux-ci ne sont plus « éblouis » par les lumières de ceux-là. Être émancipé, c'est reconnaître la supériorité d'autrui quand elle existe – supériorité intellectuelle, culturelle, instrumentale – sans que cette supériorité entraîne une relation de dépendance, fût-elle seulement morale. On peut vouloir être gouverné par ceux qu'on reconnaît plus compétents que soi sans pour autant leur abandonner le pouvoir « avec une aveugle confiance ». Leur supériorité « devient un avantage pour ceux même qui ne la partagent pas ; elle existe pour eux, et non contre eux ».

Il y a donc comme un *seuil minimal de compétence* à partir duquel se produit une inversion des effets de l'inégalité naturelle des talents. En deçà de ce seuil, l'effet est négatif : l'inégalité engendre la servitude. Au-delà il devient positif : elle suscite l'échange, la curiosité, le besoin d'être instruit, mais non conduit par ceux qui sont supérieurs. Le processus d'émancipation n'a pas besoin de mener tous les hommes au même degré d'instruction : il suffit que le seuil minimum critique soit franchi pour qu'une « égalité réelle » s'établisse entre des citoyens qui demeurent pourtant inégaux sur bien des points.

On a là un phénomène de rupture analogue à celui de l'imprimerie : avant celle-ci, bien des innovations techniques ont eu lieu, qui n'ont rien changé aux rapports de domination. L'imprimerie, en un sens, n'est pas une invention majeure : elle ne fait que combiner et appliquer des procédés déjà inventés. Mais elle produit un effet de seuil qui est en lui-même et par lui-même émancipateur. Dans le cas de l'instruction, c'est le même effet de seuil qui est recherché, sauf que cette fois il est intentionnel et calculé. Il relève de la volonté politique et non plus seulement de l'ingéniosité technique.

Kant : de l'état de minorité à la majorité

Reste une objection importante. On pourrait reprocher au raisonnement de Condorcet, et à toute la philosophie des Lumières, d'être circulaire. Pour engager le processus émancipateur de l'instruction, il faut le vouloir ; il faut donc déjà être quelque peu émancipé. Il suppose, du côté des dominés (« le peuple ») un désir d'instruction qui ne va pas de soi : la mise en place de l'école obligatoire sous la IIIe République s'est heurtée à de fortes résistances, surtout pour la scolarisation des filles. Et du côté des dominants (« les élites ») une volonté de partage du savoir qui ne va pas non plus de soi :

beaucoup, même après la généralisation de l'instruction publique, soutiennent qu'elle est utopique et dangereuse pour l'ordre social.

Ce cercle, Kant l'a fort bien perçu. Il définit l'assujettissement comme un état de « minorité », c'est-à-dire comme « l'incapacité de se servir de son entendement sans la direction d'autrui »[35]. De cet état « [l'homme] est lui-même responsable ». Contrairement à La Boétie, Kant ne l'impute pas à des facteurs extérieurs, des processus manipulateurs organisés par les dominants, mais à « un manque de décision et de courage », autrement dit une **défaillance morale.**

La raison en est que Kant raisonne en philosophe et non en psychologue. Il ne nie aucunement que des mécanismes puissent abuser le peuple et conforter sa servitude. Bien au contraire, il observe que les tuteurs de l'humanité s'arrangent pour « rendre bien sot leur bétail » et lui refuse la permission « d'oser faire le moindre pas hors du parc où ils ont enfermé » leurs sujets. Mais initialement, il y a toujours dans l'asservissement quelque chose comme une anomalie ; c'est un scandale avant d'être un phénomène social à étudier ; il suscite l'indignation avant de provoquer l'étonnement.

---

35. E. Kant, *Réponse à la question « Qu'est-ce que les Lumières ? »*, *op. cit.*, p. 46.

Comme Spinoza, Kant fait de la liberté de penser par soi-même la matrice de toutes les autres libertés. Une fois conquise, elle rend possible toutes les autres ; elle les porte en germe, elle crée une dynamique qui une fois lancée, ne s'arrêtera pas. Mais l'énigme reste entière : comment sortir du cercle de la servitude, comment s'émanciper s'il faut déjà l'être un peu pour tenter de le faire ?

La réponse tient en une phrase : « On rencontrera toujours quelques hommes qui pensent de leur propre chef, parmi les tuteurs patentés de la masse, et qui, après avoir eux-mêmes secoué le joug de la minorité, répandront l'esprit d'une estimation raisonnable de sa valeur propre et de la vocation de chaque homme à penser par soi-même. »[36]

Il faut d'abord noter la distinction qui est faite entre tuteur et majeur. On pourrait supposer que les dominants se réservent le privilège de la majorité, et cantonnent les dominés dans l'état de minorité. Or Kant remarque qu'ils doivent eux-mêmes « secouer le joug de la minorité », ce qui signifie qu'ils partagent cet état avec ceux qu'ils asservissent. *Le dominant est tout autant asservi que le dominé :* c'est là une affirmation aussi surprenante que révolutionnaire. Il est tout autant prisonnier des idées et des habitudes qui pourtant le servent. *On ne peut dominer qu'à son insu :* Kant inaugure par là une

36. *Ibid.*, p. 47

analyse radicalement nouvelle de la domination. Pour que l'idéologie joue son rôle mystificateur, elle doit mystifier ceux à qui elle bénéficie tout autant que ceux qu'elle dessert. « Institutions et formules, ces instruments mécaniques d'un usage de la raison, ou plutôt d'un mauvais usage des dons naturels, voilà les grelots que l'on a attachés aux pieds d'une minorité qui persiste ». La minorité dont il s'agit ici n'est pas une partie de la société (« le peuple ») par opposition à une autre (« les élites », « les dirigeants », etc.). C'est la totalité de la société qui est organisée selon un mode de fonctionnement « mineur », c'est-à-dire infantile, qui plonge tous ses membres dans l'illusion, quelle que soit leur position dans la hiérarchie.

Par cette analyse, Kant rompt avec les théories « complotistes » de la domination jusqu'ici en vigueur. On a vu que La Boétie, Spinoza et Condorcet restaient encore dans cette conception qui veut que les despotes oppriment volontairement et délibérément leurs peuples ; que les dominants savent ce qu'ils font lorsqu'ils répandent des erreurs génératrices de soumission. Lorsque Condorcet entreprend de savoir « comment les peuples ont été trompés, corrompus, ou plongés dans la misère », la réponse est dans la dénonciation « d'une classe d'individus affectant d'insolentes prérogatives, se séparant des hommes pour mieux les asservir », cherchant à « réunir tous les moyens de subjuguer les esprits » et de « perfectionner l'art de tromper les hommes pour les dépouiller »[37]. Les prêtres, les tyrans, les profiteurs, les charlatans de tout poil forment une caste de parasites, une bande de nuisibles qu'il faut chasser de leur piédestal.

Dans cette optique, **l'émancipation ne peut être qu'un combat, une lutte violente** entre deux volontés collectives. Même si Condorcet, comme on l'a vu, voit dans l'instruction publique le meilleur instrument d'émancipation, celui-ci suppose, pour être instauré, une prise de pouvoir préalable des opprimés. Le système d'éducation dont rêve Condorcet n'est possible que grâce à la Révolution ; il y a toujours une *condition initiale de violence* qui est le préalable de tout processus de libération.

En faisant de la domination un processus anonyme mystifiant les dominants comme les dominés, Kant affranchit l'émancipation du modèle éristique qui la déterminait jusque-là, de la représentation guerrière qui en faisait une bataille entre deux camps, avec pour enjeu la conquête du pouvoir comme d'une citadelle dont il faudrait s'emparer. Ce modèle ne peut conduire qu'à la perpétuation de la servitude et de la domination : les nouveaux maîtres sont toujours des maîtres ; une nouvelle domination ne fait que se substituer à l'ancienne.

---

37. Condorcet, *Esquisse d'un tableau historique des progrès de l'esprit humain*, *op. cit.*, p. 99-100.

« Une révolution peut bien entraîner une chute du despotisme personnel et de l'oppression intéressée ou ambitieuse, mais jamais une vraie réforme de la méthode de penser ; tout au contraire de nouveaux préjugés surgiront qui serviront, aussi bien que les anciens, de lisière à la grande masse privée de pensée. »[38]

Toute révolution n'est donc qu'une émancipation imaginaire : en faisant de l'émancipation une question de personnes, un affrontement entre les dirigeants en place et ceux qui aspirent à les remplacer, une bataille pour l'occupation des lieux de pouvoir, elle substitue à l'obligation de penser une querelle entre des individus ou groupes d'individus.

Comment s'émanciper réellement ? Kant répond en distinguant deux usages de la raison. D'une part *l'usage public,* « celui qu'on fait comme savant devant l'ensemble du public qui lit ». D'autre part *l'usage privé,* « celui qu'on a le droit de faire dans un poste civil ou une fonction déterminée qui vous sont confiés ». Dans ce dernier usage, très souvent, « il n'est pas permis de raisonner ; il s'agit d'obéir ». L'officier à qui on donne un ordre, le citoyen qui reçoit un avis d'impôts à payer, l'ingénieur à qui on commande les plans d'une usine, n'ont pas le pouvoir de critiquer ces instructions :

38. E. Kant, *Réponse à la question « Qu'est-ce que les Lumières ? » op. cit.*, p. 48.

ils doivent les exécuter. Mais en tant qu'ils participent d'un espace sociétal de discussion, ils ont toujours le droit, pour le premier, de réfléchir publiquement sur les conditions d'une guerre juste ; pour le second, sur l'opportunité de tel ou tel impôt ; pour le troisième, sur les contours d'une politique industrielle qui tienne compte des impératifs écologiques.

Ce qui doit être conquis de haute lutte, ce n'est donc pas le pouvoir ; c'est cet espace de discussion libre et publique à partir duquel les hommes s'enhardissent à faire un usage personnel de leur raison et à confronter leurs pensées. Ce qui s'émancipe, ce ne sont pas des individus pris isolément, car chacun est timide, paresseux et craintif quant à cet usage. C'est « le public qui s'éclaire lui-même » en échangeant ses pensées. Cela suppose non seulement l'absence de toute censure quant aux débats publics, mais aussi et surtout la mise en place d'institutions – forums, ateliers de réflexion, lieux de débat – et de procédures organisant cet « usage public » de la raison. Il ne saurait se confondre avec le simple déballage des opinions s'entrecroisant dans une prolifération anarchique, comme on le voit aujourd'hui.

Comme Spinoza, Kant fait de la liberté de penser la mère de toutes les libertés, la clé de l'émancipation. Mais contrairement à Spinoza, il ne réserve pas cette liberté à une minorité d'intellectuels supposés éclairer le peuple. Il estime que **philosopher (c'est-à-dire penser) est la vocation de chacun,** quelle que soit sa place dans la société.

Pour Kant, l'émancipation n'est pas seulement une question de rapport de forces (comme dans le modèle « guerrier » de la conquête du pouvoir) ni une question de diffusion du savoir (comme dans le modèle « scolaire » de Condorcet). Elle implique que soit reconnue **la valeur de la pensée réflexive,** celle qui ne cesse de douter, d'interroger, de critiquer, et ne se confond donc pas avec la connaissance scientifique. On s'émancipe d'abord en pensant avant de s'émanciper en combattant. L'ennemi n'est pas seulement, ni même principalement, celui qu'on voit parader dans la citadelle, le quartier général, les palais du pouvoir. L'ennemi est d'abord en soi : c'est cette timidité qui empêche d'oser penser par soi-même, cette crainte de remettre en cause les opinions qu'on a reçues sans même en avoir conscience. Cette puissance anonyme conditionne les dominants comme les dominés, les oppresseurs comme les opprimés.

Un exemple d'émancipation selon la figure classique : Rousseau

Nous allons dîner dans une maison opulente ; nous trouvons les apprêts d'un festin, beaucoup de monde, beaucoup de laquais, beaucoup de plats, un service élégant et fin. Tout cet appareil de plaisir et de fête a quelque chose d'enivrant qui porte à la tête quand on n'y est pas accoutumé. Je pressens l'effet de tout cela sur mon jeune élève. Tandis que le repas se prolonge, tandis que les services se succèdent, tandis qu'autour de la table règnent mille propos bruyants, je m'approche de son oreille et je lui dis : Par combien de mains estimeriez-vous bien qu'ait passé tout ce que vous voyez sur cette table avant que d'y arriver ? Quelle foule d'idées j'éveille dans son cerveau par ce peu de mots ! À l'instant voilà toutes les vapeurs du délire abattues. Il rêve, il réfléchit, il calcule, il s'inquiète. Tandis que les philosophes, égayés par le vin, peut-être par leurs voisines, radotent et font les enfants, le voilà, lui, philosophant tout seul dans son coin. (...) Quel objet pour sa curiosité ! Quel texte pour son instruction ! Avec un jugement sain que rien n'a pu corrompre, que pensera-t-il du luxe, quand il trouvera que toutes les régions du monde ont été mises à contribution, que vingt millions de mains ont peut-être longtemps travaillé, qu'il en a coûté des vies peut-être à des milliers d'hommes, et tout cela pour lui présenter en pompe à midi ce qu'il va déposer le soir dans sa garde-robe ?

Rousseau, *Émile ou de l'éducation,* livre III,
Garnier-Flammarion, 1964, p. 219.

Face au luxe qui dissimule des rapports d'oppression (les convives de cette « maison opulente » profitent du travail et de la misère de « millions de mains »), le précepteur d'Émile suscite une prise de distance réflexive en posant à son élève une question qui appelle une enquête, un approfondissement des connaissances : reconstituer le circuit productif qui a précédé la consommation des mets qu'on voit sur la table. Par cette recherche intellectuelle Émile se libère de la fascination qu'exerce le luxe : il s'isole (« tout seul dans son coin »), se livre à sa « curiosité », relie les fastes des riches au reste du monde, à l'inégalité et la domination qu'ils impliquent.

L'instrument essentiel dans cette émancipation est l'exercice d'un « jugement sain ». Il sert d'abord à mieux connaître la réalité économique et sociale qui se cache sous le luxe de quelques-uns ; mais il sert ensuite à juger cette situation, à évaluer la portée morale de ce contraste entre le faste des privilégiés et le malheur qu'il coûte à des « milliers d'hommes ». « L'instruction » dont il est ici question est donc indissociablement intellectuelle et morale : c'est en connaissant mieux la réalité qu'on est conduit à la juger, et par là même à agir pour la transformer.

La figure moderne (individualiste) de l'émancipation

À partir du XIXe siècle le rationalisme caractérisant la figure classique de l'émancipation va céder la place à une approche plus romantique. La domination ne s'exerce plus seulement sur les esprits qu'elle incline à la soumission et à l'humilité. Elle s'exerce aussi sur les forces du corps, les affects, les sentiments. Elle ne se contente pas d'exiger l'obéissance ; elle transforme l'être tout entier, elle le modèle, le façonne selon ses exigences. Apparaît un mot nouveau, qui désigne cette altération de l'être entier : *aliénation*. Être aliéné, c'est être un autre, n'être pas celui qu'on pourrait et devrait être, mais qu'on n'a jamais été, parce que l'aliénation prend les hommes à la naissance, et même avant.

Dans la conception classique, de La Boétie à Kant, la domination laissait intacte la réalité de l'individu ; elle se contentait de la réprimer. Le modèle était toujours celui de l'esclave ou du prisonnier enchaîné : il est réduit à l'impuissance (ou contraint à des travaux forcés), mais il reste ce qu'il est. Il suffit de lui ôter ses chaînes pour qu'il bondisse, en pleine possession de ses moyens. **L'émancipation est pensée comme une libération,** au sens propre : la fin d'une captivité, que ce soit par une décision légale ou par la force.

Mais si l'individu est aliéné, altéré, modifié jusque dans les profondeurs de son être, il ne suffit plus de le libérer pour le rendre libre. **L'émancipation implique une transformation radicale.** L'universalisme lié à la raison cède la place à un individualisme qui marquera même des pensées aussi collectivistes que celle de Marx. C'est ce que nous allons tenter de montrer.

Stirner : de l'idée à l'individu

L'Unique et sa propriété est peut-être le traité le plus radical de l'émancipation qui ait jamais été écrit. Stirner ne considère pas l'oppression seulement dans sa dimension politique et policière (la tyrannie), économique (la misère, l'exploitation), culturelle (l'ignorance). Tout ce qui dépasse ou déborde l'individu est déjà une aliénation. En ce sens, il n'y a pas d'idée ou d'idéal de l'homme qui pourrait servir de critère pour mesurer le degré d'aliénation d'un groupe ou d'une personne. « Être un homme ne signifie pas remplir l'idéal de l'homme, mais se manifester soi, l'individu. (...) C'est Moi qui suis mon espèce ; je n'ai ni norme, ni loi, ni modèle, ni autres bornes du même genre. Possible qu'avec mon seul moi je puisse très peu de chose, mais ce peu est tout. »[39]

Il faut revenir au réel, c'est-à-dire à l'individu concret avec ses forces, ses capacités, ses désirs. Toutes les abstractions – « l'humanité », « la justice », « la liberté », « l'égalité » - sont déjà des aliénations, des mystifications destinées à asservir la puissance de l'individu.

Toute liberté qui n'est pas strictement individuelle est un asservissement. Il en va ainsi de cette entité mystérieuse qu'on appelle « le peuple ». « Un

39. Max Stirner, *L'Unique et sa propriété,* La Table Ronde, 2000, p. 196.

peuple ne peut être libre qu'aux dépens de l'individu ; car ce n'est pas l'individu qui, dans cette liberté, est la chose essentielle, mais le peuple. Plus libre est le peuple, plus esclave est l'individu. » [40]

Il en va de même de ces mythes d'émancipation fabriqués par la philosophie des Lumières et qu'on appelle le Progrès, la Raison, la République. « Un homme n'est appelé à rien et n'a aucune "tâche", aucune "destination", pas plus qu'une plante ou une bête n'a de "mission". La fleur n'a pas la mission de s'épanouir, mais elle emploie toutes ses forces à jouir de ce monde et cherche à l'absorber (...) Il n'y a pas de mission, mais il y a des forces qui se manifestent où elles sont (...) À tout moment, chacun met en œuvre autant de forces qu'il en possède. » [41]

L'émancipation devient alors l'acte par lequel je me réapproprie les forces que j'ai laissées se disperser et s'affaiblir en se mettant au service de puissances imaginaires. « Tout est ma propriété, c'est pourquoi je reprends tout ce qui veut m'échapper, mais avant tout, je me ressaisis constamment quand une servitude quelconque m'enlève à moi-même. »[42] L'émancipation n'est pas un idéal ou un but lointain, mais une manière

40. *Ibid.*, p. 229.

41. *Ibid.*, p. 348.

42. *Ibid.*, p. 350.

de vivre en maximisant ce qu'on pourrait appeler « l'ici et maintenant ». Il ne s'agit pas, comme une lecture superficielle pourrait le laisser penser, d'un égoïsme et d'un anarchisme réfractaires à toute contrainte, à toute concession, à toute négociation. Il s'agit, à chaque instant, d'examiner les idées et les idéaux qui me sont proposés et de les juger en prenant pour critère le Moi que je suis et son accomplissement présent. Il s'agit de se demander, à propos de toute activité, de toute pensée, de toute croyance, de toute expérience, de toute rencontre : est-ce qu'elle augmente ma puissance de vivre, ma joie d'exister, ou bien est-ce qu'elle la diminue ? « L'Unique » n'est pas l'exaltation d'un moi égocentrique mais un principe réflexif, une ressource critique pour apprécier la valeur des représentations et des normes sociales – donc pour inviter à « penser par soi-même ». On le voit, on n'est finalement pas si éloigné de Kant…

L'âge classique avait fait passer l'émancipation de la sphère privée à la sphère publique, de l'éthique à la politique, de la singularité à l'universalité. La figure antique se focalisait sur l'oppression intérieure, à savoir les passions et les attachements engendrant une servitude dont il fallait se libérer par l'ascèse, le « souci de soi ». La figure classique a orienté cette figure antique vers la domination extérieure, le tyran, le despote, les privilégiés engendrant une servitude dont il faut se libérer par la révolte, la suppression des chaînes physiques et morales qui entravent les hommes. La figure moderne inaugurée par Max Stirner rassemble ces deux aspects, les unit dans une même volonté émancipatrice où l'ennemi intérieur – les préjugés, les inhibitions, les croyances illusoires – et l'ennemi extérieur – les dominants, les oppresseurs, les mystificateurs de toutes sortes - sont combattus simultanément et solidairement. Il n'y a pas lieu de se demander lequel est premier par rapport à l'autre, lequel est cause de l'autre. Il n'est légitime ni d'affirmer, avec Condorcet, qu'une petite caste de dirigeants fomente sciemment des fables pour maintenir le peuple dans l'asservissement ; ni de soutenir, avec Kant, que « la paresse et la lâcheté sont les causes qui expliquent qu'un si grand nombre d'hommes restent volontiers, leur vie durant, mineurs, et qu'il soit si facile à d'autres de se poser en tuteurs des premiers. »[43] Ni la théorie complotiste, ni la théorie culpabiliste ne sont valables ; pour penser la servitude – et donc l'émancipation – **il faut penser *ensemble* la domination intérieure et la domination extérieure, l'aliénation et l'oppression.**

La notion anglo-saxonne d'*empowerment,* qui a pour base la puissance *[« power »],* se situe dans

43. E. Kant, *Réponse à la question « Qu'est-ce que les Lumières ? »*, *op. cit.*, p. 46.

cette perspective. Il s'agit de réintégrer les opprimés dans la puissance qui est la leur, de faire en sorte qu'ils se la réapproprient, se l'incorporent *(em-powerment) ;* mais en même temps d'orienter cette puissance vers l'extérieur, de la tourner vers ses véritables adversaires, à savoir ceux qui l'exploitent à leur profit en la détournant de ses véritables buts.

Marx : émancipation et révolution

Marx va systématiser cette implication à travers sa propre théorie de l'aliénation – et de la libération. Ce que Max Stirner rapportait à l'individu singulier, il l'attribuera au prolétariat considéré comme une sorte d'individu collectif, recueillant toutes les prérogatives (puissance, droit, réalité, subjectivité) que Stirner reconnaît à « l'Unique ». C'est pourquoi, malgré ce que cette affirmation peut avoir de surprenant et paradoxal, il n'est pas illégitime d'affirmer que Marx s'inscrit dans la figure individualiste de l'émancipation.

Dans les *Manuscrits de 1844*, la notion d'aliénation a *trois significations* différentes :

- *une signification juridique :* l'ouvrier produit un objet qui devient marchandise et ne lui appartient plus. Il en est dépossédé ; il est dépouillé, volé, privé de sa propriété.

– *une signification anthropologique :* l'essence de l'homme est le travail ; il est l'expression de la puissance humaine sur la nature, la réalisation dans le monde de ce que l'homme porte en lui. Dans le capitalisme, le travail est réduit à n'être qu'un simple moyen pour « gagner sa vie », ne pas crever de faim, assurer sa subsistance. Ce qui est but (le travail) devient moyen, et ce qui est moyen (l'accumulation du capital, la satisfaction des besoins biologiques) devient but. Il y a renversement, perversion, inversion de l'ordre juste, celui qui correspond à la nature de l'homme. « L'acte propre de l'homme se transforme pour lui en puissance étrangère qui s'oppose à lui et l'asservit. » [44]

– *une signification politique :* les deux aspects précédents de l'aliénation affectent la relation des hommes entre eux ; ils créent un rapport de subordination des travailleurs manuels aux travailleurs intellectuels, qui assument la fonction dirigeante et possèdent les moyens de production.

La racine commune de ces trois significations, c'est *la propriété privée*. Aussi l'émancipation est-elle fondamentalement liée à son abolition. « La propriété nous a rendus si sots et si bornés qu'un objet n'est *nôtre* que lorsque nous l'avons, qu'il

44. K. Marx et F. Engels, *L'idéologie allemande,* Les Éditions Sociales, 1962, p. 31.

existe pour nous comme capital ou qu'il est immédiatement possédé, mangé, bu, porté sur notre corps, habité par nous, etc., bref qu'il est *utilisé* par nous. » [45] La propriété privée empêche l'homme de voir, entendre, contempler, observer les choses du monde : il ne peut que les posséder et/ou les consommer. À la diversité infinie des sens par lesquels nous appréhendons le monde, elle substitue « la simple aliénation de tous ces sens, le sens de l'avoir », qui, en regard de cette richesse intérieure, est « pauvreté absolue ».

C'est pourquoi « l'abolition de la propriété privée est *l'émancipation* totale de tous les sens et de toutes les qualités humaines. »[46] Elle signifie une nouvelle manière de percevoir, de sentir, de se rapporter aux choses, de vivre avec les personnes. « L'homme qui est dans le souci et le besoin n'a pas de sens pour le plus beau spectacle ; celui qui fait commerce de minéraux ne voit que la valeur marchande, mais non la beauté ou la nature propre du minéral. »[47] Il ne peut pas y avoir de beauté, de vérité, de sensibilité pour l'homme aliéné. L'émancipation ne concerne pas seulement l'intellect et les rapports sociaux, mais aussi la perception, la contemplation, l'affectivité, l'appréhension de la réalité, la façon

---

45. K. Marx, *Manuscrits de 1844,* Les Éditions sociales, 1968, p. 91.

46. *Ibid.,* c'est Marx qui souligne.

47. *Ibid.,* p. 94.

d'aimer, de jouir et de souffrir. Elle n'est plus seulement liée, comme chez La Boétie, Spinoza et Kant, à l'abolition de toute sujétion ou dépendance, ni à une libération intellectuelle *(« Sapere aude »,* ose penser par toi-même) mais à une nouvelle façon d'appréhender le monde et de se rapporter aux hommes. Elle a une **signification existentielle** et non pas seulement politique ou morale.

C'est pourquoi elle implique *deux conditions pratiques*. En premier lieu, « pour que l'aliénation devienne une puissance "insupportable", c'est-à-dire une puissance contre laquelle on fait la révolution, il faut qu'elle ait fait de la masse de l'humanité une masse totalement "privée de propriété", qui se trouve en même temps en contradiction avec un monde existant de la richesse et de la culture »[48]. Contrairement à La Boétie et Condorcet, Marx ne croit pas que certains puissent s'émanciper en prenant conscience de leur asservissement et de la mystification dont ils sont victimes, alors que d'autres, ailleurs, resteraient soumis à la « servitude volontaire ». Parce que l'humanité est un seul et même individu collectif (et non, comme dans la figure classique, une communauté d'individus), elle ne peut s'émanciper que tout entière ou pas du tout. « Sans cela, le communisme ne pourrait exister que comme phénomène local », fragile et cir-

48. K. Marx et F. Engels, *L'idéologie allemande, op. cit.*, p. 33.

constanciel. **L'émancipation sera mondiale ou ne sera pas.** Elle implique la mondialisation comme un préalable *sine qua non :* en ce sens, Marx disqualifie d'avance la thèse léniniste du « communisme dans un seul pays » et fournit les raisons qui expliquent son échec final. C'est seulement aujourd'hui, quand la mondialisation commence à devenir effective, que l'émancipation est possible.

Pour la même raison, elle ne peut advenir que comme « un acte soudain et simultané des peuples » : ici encore on peut reconnaître « l'individualisme » foncier de Marx. Si l'humanité est un individu collectif, elle doit agir comme un individu, à la manière de « l'Unique » qui s'arrache d'un seul coup à l'asservissement et reconquiert sa souveraineté.

La seconde condition de l'émancipation est **le développement des forces productives.** Sans lui, « c'est la pénurie qui deviendrait générale, et avec le besoin, c'est aussi la lutte pour le nécessaire qui recommencerait et l'on retomberait fatalement dans la même vieille gadoue ». Tant que l'humanité demeure soumise à l'impératif de la rareté, la domination est inévitable : il y aura toujours des hommes pour tirer parti des pénuries et exploiter le travail d'autrui. L'émancipation suppose que les conditions d'une abondance durable et stable soient réunies. Il faut que la vie heureuse soit là, possible, à portée de main, pour que sa privation soit réellement intolérable et qu'elle suscite une révolution aussi radicale qu'irrésistible.

L'émancipation ne se fonde pas sur *l'idée* d'une société juste et démocratique, comme dans la philosophie des Lumières. « Le communisme n'est pas pour nous un *état* qui doit être créé, un *idéal* d'après lequel la réalité doit se régler. C'est le mouvement *réel* qui abolit l'état actuel. »[49] C'est, non pas un mouvement *dans* l'histoire, mais **l'histoire elle-même en train de se faire.** Avec Stirner, Marx rejette toute conception de l'émancipation qui reposerait sur la représentation d'un but à atteindre. Tout comme le prisonnier qui s'évade songe d'abord à la manière de sortir de sa prison, et réfléchira ensuite, quand il sera sorti, à ce qu'il fera de sa liberté retrouvée, **l'humanité se libère sans savoir où elle va.** L'émancipation est aveugle par principe : elle est d'abord un geste, une volonté, une exigence, une exaspération avant d'être un projet. On s'émancipe parce que la situation est devenue « insupportable », parce qu'elle bascule brusquement de la réalité à l'indignité, de la facticité à la normativité. Ce qui était accepté comme inéluctable (« c'est la vie ») devient in-tolérable au sens le plus propre, c'est-à-dire impossible, inconcevable, inadmissible. Ce basculement n'est pas arbitraire : c'est le processus même de l'histoire

49. *Ibid.*, p. 35.

qui exaspère la contradiction entre le sort misérable fait aux hommes et les promesses de bonheur que recèle l'avancée des moyens de production. Cette contradiction qui était cachée par un fatalisme provoqué et entretenu émerge soudainement en pleine lumière : une lumière aveuglante, qui efface toute autre perspective et fait apparaître la libération comme une urgence absolue, peu importe à quel prix et dans quelle direction.

Le philosophe peut néanmoins s'interroger sur le sens que revêt l'émancipation une fois ce mouvement amorcé. Vers quoi se dirige-t-on, comment définir ce qui ne saurait apparaître aux protagonistes comme un but, mais plutôt comme une issue ? Marx ne le dit jamais vraiment, mais on peut faire plusieurs hypothèses pour préciser ce que serait le communisme comme émancipation de l'humanité.

Tout d'abord, ce pourrait être **la suppression de la marchandise et des rapports marchands,** c'est-à-dire une production et une distribution sans marché des objets produits en commun. L'émancipation s'identifierait alors à une planification générale : mais ce qu'il est advenu des sociétés ayant choisi cette option rend cette hypothèse aujourd'hui peu plausible.

On pourrait aussi définir l'émancipation comme le fait de **ne plus travailler pour un autre.** Il n'y aurait plus de patrons ni d'actionnaires détenteurs du capital ; on travaillerait dans des entreprises autogérées (coopératives ouvrières, mutuelles, etc.) ou dans des systèmes décentralisés d'échanges entre petits producteurs. L'économie dite sociale et solidaire, les réseaux du type SEL (services d'échanges locaux) préfigureraient cette forme d'émancipation qui serait déjà en marche aujourd'hui.

S'émanciper pourrait encore signifier **ne plus travailler du tout,** ou seulement de manière épisodique. L'émancipation s'identifierait alors à une société d'abondance où les progrès techniques permettraient que la plupart des travaux productifs soient effectués par les machines. Les partisans d'une « allocation universelle » ou « revenu d'existence », attribué sans conditions à toute personne et permettant une subsistance minimale, se situent dans cette perspective. Seuls demeureraient les services entendus comme *« care »,* soin, sollicitude pour autrui relevant de relations d'empathie plutôt que de la sphère économique. Ou alors on pourrait travailler pour gagner plus que le minimum garanti, mais ce serait d'une manière volontaire, ce qui écarterait toute possibilité de dépendance.

S'émanciper pourrait enfin signifier – et c'est sans doute ce qu'entendait Marx – **l'abolition de la division du travail,** et notamment du travail manuel et intellectuel. En effet, « dès l'instant où le travail commence à être réparti, chacun a une sphère exclusive et déterminée qui lui est imposée et dont il ne peut sortir ; il est chasseur, pêcheur, berger ou critique, et il doit le demeurer s'il ne veut pas perdre ses moyens d'existence. »[50] La division du travail est donc la racine même de la domination : en elle et par elle, certaines formes de travail – et notamment les formes intellectuelles – oppriment et exploitent les autres – notamment les formes manuelles. Car « la division du travail implique en même temps la répartition du travail et de ses produits, distribution *inégale* en qualité et en quantité ; elle implique la propriété, dont la première forme réside dans la famille où la femme et les enfants sont les esclaves de l'homme ». La division du travail est à l'origine de toutes les dominations, non seulement économiques ou politiques, mais aussi familiales et sexuelles. Toutes les oppressions – celle des hommes sur les femmes, des pères sur leurs enfants, des patrons sur les ouvriers, et bien d'autres – s'impliquent et sont liées entre elles. Ici encore, alors que le modèle classique, de La Boétie à Condorcet, se focalisait sur la seule domination politique et économique, Marx fait de la domination un phénomène à la fois global (il touche tous les rapports sociaux, tous les registres de l'existence) et complexe (il y a des interactions entre les dominations sexuelles, culturelles, économiques et politiques).

50. K. Marx et F. Engels, *L'idéologie allemande, op. cit.*, p. 31.

L'émancipation implique donc l'éradication de *toutes* les dominations à la fois. L'émancipation des ouvriers vis-à-vis des patrons est indissociable de l'émancipation des femmes vis-à-vis des hommes. Il n'y a pas à privilégier l'une par rapport à l'autre, et encore moins, comme certains partis ouvriers l'ont fait, à considérer que la lutte des femmes ou des minorités sexuelles nuirait aux luttes ouvrières ou politiques.

Dans cette optique, l'horizon ultime de l'émancipation serait l'abolition de toute division du travail. Dans la société communiste, il sera possible « de faire aujourd'hui telle chose, demain telle autre, de chasser le matin, de pêcher l'après-midi, de pratiquer l'élevage le soir, de faire de la critique après le repas selon mon bon plaisir sans jamais devenir chasseur, pêcheur ou critique. »[51]

L'émancipation désignerait alors une formation polytechnique, une éducation visant la polyvalence, l'articulation étroite entre culture professionnelle et culture générale, la capacité à changer de rôle, d'activité, de posture, à ne pas se laisser enfermer dans un statut, une compétence, une situation.

Toutefois, une difficulté particulière surgit avec le travail intellectuel. Le travail manuel est pour ainsi dire univoque, « tout d'une pièce » : le potier fabrique des poteries et rien d'autre, le fraiseur sait

---

51. *Ibid.*, p. 32.

usiner les pièces d'acier, le mécanicien réparer des moteurs et ainsi de suite.

En revanche le travail intellectuel est toujours quelque peu plurivoque. Il a un double aspect. D'une part, il désigne une activité de conception, d'invention, de production d'idées : ainsi Marx, dans un texte célèbre, différencie l'abeille et l'architecte par le fait que celui-ci a en tête la représentation de la maison qu'il construit, tandis que l'abeille fait sa ruche sans en concevoir préalablement le plan. En ce sens, il est le complément ou le corollaire du travail manuel : le maçon ne pourrait guère travailler sans architecte, ni le mécanicien sans l'ingénieur, et même l'art du potier a un aspect intellectuel, puisqu'il peut inventer des formes originales ou des ustensiles nouveaux.

Mais cet aspect en implique un autre. L'architecte ne se contente pas d'élaborer des plans ; ensuite, il est « maître d'œuvre » ; il commande les différents corps de métiers, leur indique ce qu'ils doivent faire, corrige leurs erreurs. « Passer une commande », c'est à la fois conclure un contrat et instaurer un rapport de subordination : c'est l'artisan qui doit obéir aux instructions de l'architecte et non l'inverse.

Or ce double aspect pose un grave problème pour la question de l'émancipation. Il est assez facile d'imaginer une société « émancipée » où le travail manuel et le travail intellectuel ne seraient plus séparés comme dans la société capitaliste ; où le potier ne serait plus un simple exécutant mais aussi un artiste ; où le fraiseur disposerait de temps pour lire Stendhal ou Balzac (et aurait reçu l'éducation qui lui permettrait de les apprécier) ; où le mécanicien, comme le dit Marx, pourrait « faire de la critique après son repas » sans être écrasé de fatigue par sa journée de labeur.

En revanche, il est beaucoup plus difficile de traiter l'aspect hiérarchique et ordonnateur du travail intellectuel – c'est-à-dire la relation de commandement, de subordination, d'injonction et de contrôle qu'il implique de par son essence même. Dans la langue grecque ancienne, le verbe *archein* signifiait à la fois commencer et commander. « À l'origine, on appelait « chef » celui qui commençait quelque chose, et qui cherchait des compagnons pour exécuter l'action (...). C'est de l'individu et de son courage à s'engager dans une entreprise que relève l'initiative décidant qui sera le chef. »[52] Tout guerrier pouvait faire une proposition à ses pairs, prendre une initiative (*initium* veut dire commencer en latin), suggérer un coup de main, une manœuvre audacieuse, une tentative ingénieuse pour vaincre l'ennemi, comme Ulysse inventant le cheval de Troie. Si cette proposition était acceptée, il prenait tout naturellement le commandement de la troupe

52. H. Arendt, *Qu'est-ce que la politique ?* Points Essais, 2001, p. 88.

qu'il entraînait avec lui, tout comme l'architecte, une fois son plan avalisé par ses clients, devient maître d'œuvre. *Commencer* (quelque chose) et *commander* (à quelques-uns) étaient donc associés et le restent toujours aujourd'hui.

Il y a donc ce qu'on pourrait appeler une domination structurelle inscrite dans l'essence même du travail intellectuel. Par principe, il est à la fois *avant* le travail manuel (il faut d'abord réfléchir avant d'agir, concevoir avant de réaliser, inventer avant de produire) et *au-dessus* de lui (il faut organiser, coordonner, superviser, contrôler les tâches qui permettront de réaliser le projet). Or dans « coordination » il y a « ordonner », c'est-à-dire un rapport social foncièrement asymétrique, une dénivellation constitutive qui ne caractérise pas seulement la société capitaliste ou celles qui l'ont précédée, mais l'activité humaine en tant que telle.

Comme le dit encore Hannah Arendt, « être libre » et « commencer » forment couple. La liberté est spontanéité, capacité d'imaginer, de concevoir, d'inventer – puis de proposer, expliquer, argumenter, puis enfin de commander et d'ordonner.

Dans la mesure où l'émancipation est indissociable de l'idée de liberté – recouvrement, réaffirmation d'une liberté aliénée ou opprimée – elle comporte cette **dimension d'initiative, mais aussi de commandement.** Le mineur émancipé devient capable d'ordonner, de commander, de contracter. Il ne devient pas seulement son propre maître ; il acquiert aussi la possibilité de devenir « patron », c'est-à-dire de diriger d'autres personnes dans la sphère du travail et des activités économiques ; ou « parent », c'est-à-dire de commander à ses enfants tant qu'eux-mêmes ne seront pas à leur tour majeurs ; ou « maître », c'est-à-dire de commander à des élèves qu'il enseigne sous son autorité.

Comment distinguer la domination inhérente à la liberté de celle qui l'aliène ? Comment différencier la soumission positive à une autorité légitime de la « servitude volontaire » dénoncée depuis La Boétie ? C'est à cette question que s'affrontent les pensées contemporaines de l'émancipation, notamment à travers la « sociologie critique de la domination » et les théories de la libération qui ont fleuri après Marx. Ce sont elles qu'il nous faut maintenant examiner.

Un exemple d'émancipation selon la figure moderne : Zola

[Étienne] marchait toujours, rêvassant, battant de sa canne de cornouiller les cailloux de la route ; et quand il jetait les yeux autour de lui, il reconnaissait des coins du pays. Justement, à la Fourche-aux-Bœufs, il se souvint qu'il avait pris le commandement de la bande, le matin du saccage des fosses. Aujourd'hui le travail de brute, mortel, mal payé, recommençait. Sous la terre, là-bas, à sept cents mètres, il lui semblait entendre des coups sourds, réguliers, continus : c'étaient les camarades qu'il venait de voir descendre, les camarades noirs, qui tapaient, dans leur rage silencieuse. Sans doute ils étaient vaincus, ils y avaient laissé de l'argent et des morts ; mais Paris n'oublierait pas les coups de feu du Voreux, le sang de l'empire lui aussi coulerait par cette blessure inguérissable ; et si la crise industrielle tirait à sa fin, si les usines rouvraient une à une, l'état de guerre n'en restait pas moins déclaré, sans que la paix fût désormais possible. Les charbonniers s'étaient comptés, ils avaient essayé leur force, secoué de leur cri de justice les ouvriers de la France entière. Aussi leur défaite ne rassurait-elle personne, les bourgeois de Montsou, envahis dans leur victoire du sourd malaise des lendemains de grève, regardaient derrière eux si leur fin n'était pas là quand même, inévitable, au fond de ce grand silence. Ils comprenaient que la révolution renaîtrait sans cesse, demain peut-être, avec la grève générale, l'entente de tous les travailleurs ayant des caisses de secours, pouvant tenir pendant des mois, en mangeant du pain. Cette fois encore c'était un coup d'épaule donné à la société en ruine, et ils en avaient entendu le craquement sous leurs pas, et ils sentaient monter d'autres secousses, toujours d'autres, jusqu'à ce que le vieil édifice, ébranlé, s'effondrât, s'engloutît comme le Voreux, coulant à l'abîme.

Zola, *Germinal,* Folio, 1978, p. 585-586.

Ici, c'est essentiellement la lutte qui est facteur d'émancipation. Dans le mouvement même du combat contre les patrons qui les exploitent, les bourgeois qui les méprisent, les mineurs prennent conscience de leur dignité et de leur force. Certes, ils ont finalement été vaincus ; mais le conflit a laissé des traces. Du côté des ouvriers, ils ont pris conscience de leur puissance (« ils se sont comptés ») et de la légitimité de leur cause (« leur cri de justice »). Du côté des bourgeois également le conflit a créé une sorte de mauvaise conscience (« sourd malaise »), une compréhension confuse de l'effondrement inéluctable d'une société fondée sur l'oppression et la misère. Le vocabulaire employé (« rage », « force », « coup d'épaule », « secousses ») montre bien qu'ici l'émancipation n'est plus un processus intellectuel de compréhension du monde (« Les Lumières ») mais un processus affectif, une dynamique d'affirmation de soi comme individu et comme classe sociale.

Les figures de l'émancipation

	Figure antique (éthique)	***Figure classique (universaliste)***	***Figure moderne (individualiste)***
Causes de la sujétion	Passivité, dépendance	Erreur, illusion, superstition	Exploitation, aliénation
Principe de l'émancipation	**Maîtrise** (capacité à commander à soi et aux autres)	**Vérité** (capacité à connaître)	**Autonomie** (capacité à agir, décider, transformer le monde)
Moyen de l'émancipation	**Sagesse** (se connaître, s'améliorer, se former, etc.)	**Raison** (comparer, expliquer, comprendre)	**Volonté** (s'affirmer, se libérer, s'exprimer, lutter, etc.)
Finalité de l'émancipation	« Jouir de soi », prendre plaisir à soi-même	Le Progrès de l'humanité	La Révolution
Méthode de l'émancipation	Exercices, méditation, conversations entre amis	Éducation, Pédagogie	Militantisme politique (lutte des classes)

L'émancipation, François Galichet, Chronique sociale.

Chapitre 2

L'émancipation aujourd'hui

Aujourd'hui, l'évolution du capitalisme, depuis l'époque où Marx en faisait l'analyse, oblige à repenser la question de l'émancipation. Ce qu'on appelle parfois la « révolution managériale » a conduit progressivement à la disparition du travail standardisé et mécanisé tel qu'il dominait dans la période du taylorisme. Les tâches se sont individualisées ; l'utilisation de machines plus sophistiquées nécessite, d'une part une compétence plus grande, et d'autre part une plus grande marge d'initiative personnelle.

D'où, dans le discours managérial moderne, un éloge de la liberté, de la créativité et de la responsabilité qui semble aller contre l'aliénation que dénonçait Marx. Mais ce serait ignorer le caractère paradoxal de ce management : il instaure un *double bind,* une double contrainte qui a été maintes fois analysée, notamment par Norbert Alter[53]. D'un côté on tient aux salariés, et notamment aux cadres, un discours qu'on pourrait dire libérateur : « Prenez des initiatives ! » « Soyez responsables » « autonomes », « créatifs », « réactifs » - au besoin en

53. N. Alter, *L'innovation ordinaire*, PUF, 2013.

transgressant les normes et les règles en vigueur. Si cela marche, tant mieux. Mais si cela rate, toute la faute retombe sur le salarié : il aurait mieux valu se conformer à la norme, et la transgression est sévèrement punie.[54]

De là de nouvelles formes d'aliénation, qu'Alain Ehrenberg a longuement décrites. Elle prend désormais l'aspect de **la souffrance psychique, qui est aussi et indissociablement une souffrance sociale.** La santé mentale devient « une forme sociale, le langage de l'infortune dans lequel se disent l'échec et la réussite, la justice et l'injustice, le bien et le mal [55] ». Le stress, la dépression, l'angoisse, la culpabilité, l'incertitude identitaire expriment aujourd'hui ce qui autrefois se donnait comme indignation, révolte, revendication, haine des riches et des puissants, mobilisation militante, etc.

Cette nouvelle aliénation appelle une nouvelle émancipation. Ou plutôt, de nouvelles démarches émancipatrices. Les individus, laissés à eux-mêmes, s'inventent des stratégies spontanées qui tentent de faire face à l'intolérable, et de remédier à une oppression d'autant plus mal supportée qu'elle est intériorisée. Ce sont ces formes spontanées qu'il nous faut d'abord examiner avant d'en venir

54. Le cas de Jérôme Kerviel, *trader* pour une grande banque, est devenu l'illustration emblématique de ce « management paradoxal ».

55. A. Ehrenberg, *La société du malaise*, Odile Jacob, 2012, p. 426.

aux études et propositions des sociologues sur ce que l'un d'eux a nommé « le nouvel esprit du capitalisme »[56].

Les tentatives spontanées d'émancipation

Elles constituent des manières « sauvages » de lutte contre la domination, ses effets économiques (pauvreté, chômage), psychiques (solitude, stress, dépression) et sociaux (compétition, harcèlement, dénis de reconnaissance). On peut, pour les identifier, reprendre les catégories d'Albert Hirschman, qui distingue *trois attitudes sociales fondamentales*[57] *: « Voice », « Exit » et « Loyalty ».*

Voice

Il s'agit de ce qu'un autre sociologue, Jean-Claude Kaufmann, appelle « les identités totalitaires ». On tente de **s'émanciper en adhérant à une identité supposée restaurer l'intégrité du soi.** C'est pourquoi l'identité en question doit être forte, et même violente, afin de compenser les humiliations de la vie quotidienne. Par leur fermeture, les mou-

56. L. Boltanski, È. Chiapello, *Le nouvel esprit du capitalisme*, Gallimard 1999.

57. A. Hirschman, *Face au déclin des entreprises et des institutions*, Les Éditions Ouvrières, 1972.

vements politiques extrémistes (de droite ou de gauche), les groupes religieux (intégristes, fondamentalistes), ou encore les communautés d'adeptes d'expressions artistiques marginales permettent de concrétiser le refus de la société ambiante. L'intensité de la relation qu'ils instaurent entre leurs membres fournit une protection valorisante et procure un sentiment de reconnaissance que les rapports sociaux ordinaires n'assurent plus.

Les jeunes qui ont « la rage » recherchent **une émancipation par la transgression,** en dehors de toute stratégie politique. Casser, détruire, brûler, voler est en soi libérateur : ces actes procurent une visibilité qui constitue une revanche sur tous les échecs vécus depuis l'enfance, notamment à l'école. Ils suscitent le sentiment d'une vie exaltante, le frisson délicieux du risque, l'excitation de l'aventure. Ils interpellent l'ordre dominant et l'obligent à répondre dans l'urgence : déclarations indignées des autorités, condamnations unanimes des médias, recherches précipitées des coupables.

Cette émancipation peut être parfois revendiquée, comme ce fut le cas pour Mohamed Merah et d'autres. Mourir plutôt que de s'intégrer au « système » est proclamé comme une manière de ne pas abdiquer sa dignité, d'agir au nom de tous les opprimés ; mais malgré son communautarisme, c'est une émancipation foncièrement individuelle. Elle repose sur un paradoxe en forme de *double bind :* elle exige une visibilité constante, la recherche du plus grand éclat médiatique possible – ce qui justifie son classement dans la catégorie « Voice » ; mais en même temps, il faut éviter de se faire prendre, échapper à la répression, se dérober à toutes les formes de contrôle et de surveillance, donc vivre dans la clandestinité, le secret, la discrétion, la dissimulation. En fin de compte, cette tentative d'émancipation ne s'arrache au « management paradoxal » qu'en tombant dans un autre paradoxe tout aussi difficile à vivre et générateur d'autant de souffrances, sinon davantage.

Exit

Dans cette seconde figure, on tente de **s'émanciper en se retirant.** Se soustraire à toute contrainte, se dérober à toute autorité, vivre en dehors des cadres de la société est une manière de s'en libérer.

Ce retrait peut prendre la forme de la marginalisation (SDF, drogue) mais aussi, moins radicalement, s'exprimer par le refus de tout engagement, un apolitisme délibéré et argumenté (« tous pourris »). Il s'agit de mener sa vie à l'écart, loin des centres villes, des banlieues chaudes : les sociologues ont analysé ces nouvelles formes de vie « rurbaine » où des retraités, des artisans, des indépendants de toutes sortes mènent une existence pavillonnaire, observant en spectateurs désabusés les dérives de la vie moderne et les maux qui la caractériseraient : immigration, délinquance, insécurité, délitement des mœurs, etc.

L'idéologie qui anime cette attitude est fondée sur *une triple valeur.*

Tout d'abord *l'indépendance,* identifiée avec la liberté, donc avec l'émancipation. On a vu avec Condorcet que cette identification n'était pas sans fondement ; mais ici l'indépendance n'est pas associée à l'acquisition de capacités personnelles et intellectuelles qui garantissent sa pérennité. Elle est seulement assimilée à un statut – celui du petit commerçant, de l'artisan, du retraité « qui ne dépend de personne », qui vit des revenus de son travail sans dépendre d'un patron ou d'un chef comme c'est le cas pour les salariés, cadres, ouvriers, fonctionnaires. S'émanciper dans cette optique, c'est sortir de tout ce qui est grand – les grands ensembles, les grandes entreprises, les grands centres urbains, les grandes administrations. Le « petit », le « peu » devient une valeur en soi, la garantie d'une tranquillité dont on craint sans cesse qu'elle soit troublée par « les grands ». « Pour vivre heureux vivons cachés » - donc modestement – est le secret d'une émancipation qui se donne sur un mode essentiellement négatif, comme fuite de tout ce qui peut être source de contraintes. Ce qui est petit ne se voit pas, donc a plus de chances d'échapper à l'emprise des « grands » - l'administration, l'État, les institutions de toutes sortes.

Le deuxième pilier de cette attitude est *l'obsession de la sécurité*. Le bonheur modeste est un bonheur fragile. Fuir les maux de la société moderne comporte le risque, comme toute fuite, d'être rattrapé par ce qu'on fuit. La délinquance, la pauvreté, le déclassement deviennent des menaces qu'on retrouve alors même qu'on espérait s'en affranchir. De loin, elles paraissent plus redoutables que de près. Ainsi par exemple en Alsace on a souvent remarqué que les votes en faveur de l'extrême droite, témoignant d'une crainte des immigrés, étaient particulièrement importants dans les villages où ceux-ci étaient absents.

Le troisième pilier est *la moralité*. Face aux menaces de toutes sortes qui obligent à affronter l'inconnu, l'émancipation passe par l'adossement à des repères familiers. Ainsi les manifestations contre « le mariage pour tous » témoignaient d'une identification de la liberté à des règles intangibles, parce que hors de portée de la volonté des hommes.

Ici encore, cette démarche débouche sur un paradoxe. « Exit » part d'une volonté d'échapper à des emprises jugées insupportables en recherchant ou fabriquant des espaces protégés, abrités, isolés. Mais la position de spectateur dans laquelle on se place augmente **l'impression de vulnérabilité :** quand on ne fait que se cacher, on se sent plus démuni, plus exposé, que lorsqu'on affronte directement les menaces. L'inaction et la solitude aggravent l'impression de sujétion qu'elles cherchaient à conjurer. Au bout du compte, la tentative d'émancipation débouche sur un renforcement du sentiment de domination, vécu d'autant plus douloureusement qu'il est diffus, protéiforme, imprévisible, changeant au gré des fluctuations de l'actualité télévisée…

Loyalty

Relèvent de cette catégorie ce que Jean-Claude Kaufmann appelle « les identités froides », par oppositions aux « identités chaudes » de « Voice » (cf. supra). On tente de s'émanciper à l'intérieur du « système », en bénéficiant de toutes les ressources qu'il offre, en jouant de ses contradictions, en profitant de ses failles, en utilisant au mieux le maquis des règles et des institutions qui le constituent.

Ainsi par exemple les « stratégies consommatoires » de ceux qui recherchent méthodiquement les meilleurs prix, les meilleures combines, les soldes et les promotions qui permettent d'avoir le maximum de biens pour un coût minimum. Il s'agit de se montrer malin, astucieux, et de tirer ainsi son épingle d'un jeu devenu de plus en plus dangereux.

Ou encore les « stratégies de bonne volonté » déployées par les plus démunis vis-à-vis des institutions qui les prennent en charge (Pôle emploi, assistance sociale, etc.). Il s'agit de se protéger des servitudes et incertitudes liées à l'emploi en se montrant « loyal », en allant au-devant des demandes, en manifestant de manière parfois ostentatoire sa bonne volonté, voire sa soumission aux divers pouvoirs dont ils dépendent[58].

Mais ici également, ces stratégies émancipatrices ont leurs limites. Comme les précédentes, elles sont individuelles ; et surtout elles ne rompent pas vraiment avec les logiques d'assujettissement. Elles escomptent de leurs comportements une certaine « reconnaissance » de la part des institutions, comme s'il y avait là un processus d'échange, « donnant-donnant ». Elles transposent la logique des relations humaines dans un registre où elles n'ont que faire. Elles s'exposent, du fait de leur soumission ostentatoire, à des phénomènes de surexploitation qui renforcent la sujétion au lieu de l'atténuer.

Par leurs limites toutes les tentatives spontanées d'émancipation, qu'elles relèvent de « Voice », « Exit » ou « Loyalty », montrent que la question de la domination n'est pas une question de rapports interindividuels. C'est pourquoi elle fait l'objet d'approches sociologiques renouvelées dès lors

58. Voir à ce sujet les descriptions de Florence Aubenas dans *Le quai de Ouistreham,* Éditions de l'Olivier, 2010.

que l'approche marxiste a montré son insuffisance. Ce sont ces approches qu'il nous faut maintenant examiner.

La problématique post-marxiste de l'émancipation

Les conceptions de l'émancipation que nous avons analysées dans le premier chapitre avaient en commun *trois postulats*.

En premier lieu, un postulat *ontologique :* elles présupposent une théorie de la nature humaine – que ce soit comme maîtrise (dans la figure antique), comme rationalité (dans la figure classique), comme liberté et puissance (dans la figure moderne). Seule cette théorie permet de définir ce qu'est l'émancipation et quelles stratégies elle doit adopter préférentiellement.

En second lieu, un postulat *téléologique :* elles impliquent une vision de l'histoire – individuelle ou collective - comme devenir orienté vers un but. Nous avons vu combien la métaphore de la navigation imprégnait la conception antique. La conception classique débouche sur le thème du progrès, qui anime la philosophie des Lumières. La conception moderne, avec Marx, définit l'histoire comme un processus tout entier orienté vers la Révolution finale qui marquera le passage de la lutte des classes à la société sans classes.

En troisième lieu, un postulat *dialectique* : elles reposent sur une logique binaire, et déploient toute une série de couples tels que servitude/libération, soumission/souveraineté, aliénation/accomplissement, dépendance/indépendance. L'espace social est compris et décrit comme un lieu d'affrontement, un champ de bataille, une lutte, un combat entre puissances oppressives et forces opprimées. On est dans une logique antinomique, où chacun est sommé de choisir son camp : il n'y a pas de neutralité possible.

Ce sont ces trois postulats que les sciences humaines contemporaines remettent en cause. Cette remise en cause se fera en plusieurs étapes ; elle entraînera une transformation de la notion d'émancipation.

Foucault et l'éclatement de la domination

La nouveauté de la démarche initiée par Michel Foucault est que s'agissant du pouvoir, il s'intéresse moins au « pourquoi » qu'au « comment ». Jusqu'ici, on l'a vu, la question essentielle était celle de la nature de la domination : Était-ce celle d'un tyran isolé, motivé par l'ambition et une soif de puissance démesurée ? C'était la doctrine de Platon et plus généralement des Anciens, rapportant toute oppression à l'*ubris*, l'orgueil individuel qui conduit à dépasser toute limite ; La Boétie la reprenait à son compte.

Était-ce celle d'une caste d'aristocrates soucieux de préserver leurs privilèges ? C'était la thèse de Condorcet ; il dénonçait les « prêtres » préservant jalousement leur monopole du savoir – véridique ou fallacieux – et maintenant le peuple dans l'ignorance et la superstition.

Était-ce celle d'une classe sociale fondant sa domination sur un mode de production économique ? C'était la théorie de Marx, analysant les mécanismes de l'économie capitaliste succédant au mode de production féodal, et appelant les prolétaires à la révolution.

Foucault délaisse cette approche « ontologique » du pouvoir pour tenter d'analyser ses mécanismes, décrire les techniques par lesquelles il parvient à s'exercer. Ce qui le conduit à rejeter deux explications classiques.

En premier lieu, celle du consentement, dont on a vu une illustration avec La Boétie et sa théorie de la « servitude volontaire ». Elle considère tout pouvoir comme une renonciation délibérée à la liberté, un transfert consenti de droits : les théories du contrat qui se sont développées au XVIIIe siècle s'inscrivent dans cette perspective. Elle définit l'émancipation comme une récupération ou une réappropriation de ces droits ; une restauration de la liberté originelle de l'individu, comme par exemple la doctrine de la volonté générale et du contrat social chez Rousseau. L'émancipation est alors une question de sursaut, de prise de conscience, d'effort volontaire pour s'arracher au confort des habitudes, à la crainte de la répression, aux illusions et aux prestiges de l'autorité.

La seconde explication est celle de la violence. Elle interprète la domination comme un rapport de forces, une imposition par la contrainte. Dans cette perspective, l'émancipation ne peut être qu'une contre-violence libératrice ; elle implique que les dominés sortent de leur faiblesse, acquièrent des armes, renforcent leurs capacités, nouent des alliances, sapent les instances du pouvoir par des actes de résistance et de lutte jusqu'au renversement final.

Foucault disqualifie ces deux explications. Paradoxalement, **il définit le pouvoir non plus en termes négatifs, comme répression, oppression, aliénation, exploitation, etc., mais d'une manière positive, comme ouverture de possibilités, définition d'un espace de pensée et d'action,** reconnaissance de l'autre comme « sujet » capable de choix.

En particulier, il oppose nettement violence et pouvoir. « Une relation de violence agit sur un corps, sur des choses : elle force, elle plie, elle brise, elle détruit ; elle referme toutes les possibilités (...). Une relation de pouvoir en revanche s'articule sur deux éléments qui lui sont indispensables pour être justement une relation de pouvoir : que « l'autre » (celui sur lequel elle s'exerce) soit bien reconnu et maintenu jusqu'au bout comme sujet d'action ; et que s'ouvre devant la relation de pouvoir tout un champ de réponses, réactions, effets, inventions possibles. »[59]

Le pouvoir « n'est pas en lui-même une violence qui saurait parfois se cacher, ou un consentement qui implicitement se reconduirait. (...) Il est toujours une manière d'agir sur un ou sur des sujets agissants, et ce tant qu'ils agissent ou qu'ils sont susceptibles d'agir. Une action sur des actions. »[60]

D'où la thèse paradoxale : **le pouvoir et la liberté sont étroitement imbriqués.** « Gouverner, c'est structurer le champ d'action éventuel des autres (...). Le pouvoir ne s'exerce que sur des « sujets libres », et en tant qu'ils sont « libres » - entendons par là des sujets individuels et collectifs qui ont devant eux un champ de possibilités où plusieurs conduites, plusieurs réactions et divers modes de comportement peuvent prendre place. »[61]

59. M. Foucault, « Questions et réponses », in H. Dreyfus et P. Rabinow, *Michel Foucault, Un parcours philosophique,* Gallimard, 1984, p. 313.

60. *Ibid.*

61. *Ibid.*, p. 314

Ainsi par exemple, Foucault montre que la morale sexuelle de la société bourgeoise, telle qu'elle se constitue au XIXe siècle, ne consiste pas simplement dans une répression des pulsions sexuelles, comme une vision simpliste, inspirée par la psychanalyse, le donne à penser. La gestion de la sexualité donne lieu à toute une série de conduites – confessions, conduites de dérivation, tolérances tacites, etc. – et toute une littérature religieuse et scientifique. Elles en font un domaine où il ne s'agit pas seulement de renoncer ou réprimer, mais d'agir, de choisir, de juger le comportement le plus opportun dans un contexte laissant de larges marges de détermination individuelle.

« Il n'y a donc pas un face-à-face de pouvoir et de liberté, avec entre eux un rapport d'exclusion (partout où le pouvoir s'exerce la liberté disparaît) ; mais un jeu beaucoup plus complexe. Dans ce jeu la liberté va bien apparaître comme condition d'existence du pouvoir. »[62]

Dès lors la conception de l'émancipation change. Entre la liberté et le pouvoir, « plutôt que d'un antagonisme essentiel, il vaudrait mieux parler d'un « agonisme » - d'un rapport qui est à la fois d'incitation réciproque et de lutte ; moins d'une opposi-

62. *Ibid.*

tion terme à terme qui les bloque l'une en face de l'autre que d'une provocation permanente. »[63]

L'exemple d'Emma Bovary illustre cette ambiguïté. On pourrait dire d'elle qu'elle est enfermée dans le carcan d'une morale bourgeoise répressive qui la contraint à un rôle restreignant sa liberté. Mais ce serait là une vision manichéiste que le roman de Flaubert récuse. Emma dispose d'un éventail de possibilités dont elle use pour rendre sa condition plus supportable. La rêverie, la lecture de romans sont des occupations qui étaient considérées comme admises pour une épouse oisive de notable. Elles la conduisent à aller plus loin, jusqu'à l'adultère : mais ici encore celui-ci, à condition de rester dans certaines limites, faisait partie des modes de la « conjugalité bourgeoise », comme en témoigne le théâtre de Boulevard. Toutefois Emma joue avec les limites ; elle va à l'extrême de ce qu'elles permettent, jusqu'à la catastrophe finale. En un sens on peut dire que tout le roman est le récit d'une tentative d'émancipation ; mais en un autre sens il montre que celle-ci s'inscrit dans des cadres qui lui assignent d'avance ses bornes. On ne peut pas dire que l'histoire d'Emma est l'histoire d'une aliénation, puisqu'elle ne cesse, sans même en avoir conscience, de résister et d'échapper aux contraintes de sa condition ; mais on ne peut pas

63. *Ibid.*, p. 315.

dire non plus que c'est l'histoire d'une libération, puisque contrairement aux femmes « affranchies » de son époque (George Sand, etc.) elle n'a pas une claire conscience de sa condition et reste dans le cadre des représentations qui définissent son statut d'épouse « bourgeoise ». Elle reste constamment dans un entre-deux qui, pour Foucault, caractérise la relation au pouvoir.

Un autre exemple peut être pris dans la sphère du travail. Dans sa forme moderne, industrielle et technicisée, il implique des règles auxquelles les salariés doivent se soumettre. L'organisation scientifique du travail ne cesse de définir des modes d'organisation plus performants, des gestes plus économiques, des procédures plus efficaces – le but étant toujours d'augmenter la productivité.

Par là, elle augmente considérablement la pression sur les salariés, et du même coup le stress et la souffrance. Il faut « suivre ou périr » ; la menace du licenciement devient une hantise qui est la forme moderne de la domination économique.

Mais les sociologues qui analysent ces phénomènes observent aussi des formes de résistance, individuelles et collectives. Ainsi Richard Sennett, en conclusion d'une série d'enquêtes sur les modalités du travail dans des entreprises multinationales, note que « les capacités des travailleurs sont supérieures à l'usage institutionnel ou formel qui en est fait. »[64] Christophe Dejours, au terme d'enquêtes analogues en France, affirme : « Les ordres proférés par la coordination ne sont jamais exécutés strictement ». Les règles et les ordres sont souvent inapplicables tels quels ; ils contraignent les travailleurs à les « interpréter », à la fois pour les rendre opérationnels et pour atténuer, autant que possible, la souffrance qu'ils engendrent. Cette activité d'interprétation s'effectue avec l'accord tacite de l'encadrement, sinon même sa complicité. Elle conduit parfois à « enfreindre les ordres, à les contourner, non pour rejeter ni détruire la coordination, mais pour la rendre compatible concrètement avec la réalité du terrain. »[65] Peut-on dire, ici encore, qu'il s'agit d'émancipation ? Assurément non, puisque ces transgressions n'ont rien de révolutionnaire et ne visent pas une prise de pouvoir. Et pourtant, elles constituent déjà une contestation silencieuse de l'ordre établi et de ceux qui sont chargés de le faire respecter.

Dès lors, on le voit, l'émancipation n'est plus un processus téléologique orienté vers une fin idéale (« l'autonomie », « la société libre », « la révolution », etc.). Elle devient **un jeu indéfini d'actions et de contre-actions.** S'émanciper, ce n'est pas

64. R. Sennett, « Mensonge méritocratique », *Le Monde*, 10-11 avril 2011, p. 15.

65. Ch. Dejours, « Sortir de la souffrance au travail », *Le Monde*, 22 février 2011, p. 18.

s'affirmer contre un pouvoir qui nous empêcherait d'exister. C'est « refuser ce que nous sommes »[66] : la contestation ne porte plus sur l'autre – sur un adversaire érigé en ennemi tyrannique – mais sur soi, sur ce que le pouvoir a fait de nous. **Toute émancipation est d'abord introspection :** elle implique de se tourner d'abord vers soi pour examiner comment nous avons été façonnés, modelés, constitués à penser, agir, raisonner d'une certaine façon. C'est seulement à partir de cette réflexion introspective qu'une lutte extérieure peut être menée. Contre toute la tradition émancipatrice, Foucault soutient la thèse paradoxale que « le Pouvoir ça n'existe pas ». Il ne faut pas entendre par là qu'il n'y a pas de domination, mais seulement que celle-ci commence par définir un espace de représentations et de valeurs se présentant comme objectives, évidentes, incontournables – donc non imposées. **Il faut commencer par les déconstruire pour pouvoir envisager quelque chose comme une libération.**

La sociologie critique de Bourdieu

La notion de « violence symbolique » chez Bourdieu joue le même rôle. Elle tend elle aussi à « dépasser l'alternative de la contrainte par des forces et du consentement à des raisons, de la coercition méca-

66. M. Foucault, *Histoire de la sexualité, Tome 3, op. cit.*, p. 308.

nique et de la soumission volontaire »[67] - cette alternative dans laquelle précisément s'enfermait La Boétie, et après lui les théories de l'émancipation jusqu'à Marx. Du reste, Bourdieu se réfère explicitement à La Boétie lorsqu'il écrit que la soumission au pouvoir symbolique (par exemple celui que les hommes exercent collectivement sur les femmes) « n'a rien d'une relation de "servitude volontaire" et qu'elle « n'est pas accordée par un acte conscient et délibéré » ; car « elle est elle-même l'effet d'un pouvoir qui s'est inscrit durablement dans le corps des dominés, sous la forme de schèmes de perception et de dispositions (à respecter, à admirer, à aimer, etc.) ». La domination ne se donne pas d'abord sur des modes négatifs comme la crainte, l'effroi, la résignation devant une contrainte menaçante, mais sur des modes positifs comme l'amour, le respect, l'admiration ou l'enthousiasme. Elle se présente comme un ensemble de valeurs méritant qu'on s'y dévoue, voire qu'on s'y sacrifie.

Dès lors, l'émancipation n'est pas une simple question de prise de conscience ni de révolte contre l'insupportable. Seul « un véritable travail de contre-dressage, impliquant la répétition des exercices, peut, à la façon de l'entraînement de l'athlète, transformer durablement les habitus. »[68] Comme

---

67. P. Bourdieu, *Méditations pascaliennes*, Le Seuil, 2003, p. 246.

68. *Ibid.*, p. 248.

chez Foucault, **il faut d'abord travailler sur soi, dans un rapport de réflexion et d'autoéducation.** Car le propre de la domination, c'est qu'elle se dissimule ; elle se vit sur le mode de la nature, comme un ensemble d'évidences non historiques, de dispositions innées, de vérités indiscutables.

Pendant des siècles il a paru « naturel » que les hommes exercent seuls le pouvoir politique, parce que les femmes, disait-on, étaient essentiellement déterminées non par la raison mais par le sentiment. Pendant des siècles il a paru « naturel » que les hommes instruits, ayant de par leur richesse des responsabilités économiques, élisent seuls les députés, parce que les pauvres, les ouvriers, les paysans, disait-on, n'avaient ni la culture ni le recul suffisant pour juger correctement des choses. Pendant des siècles il a paru « naturel » que seuls les enfants nés d'un mariage légitime soient reconnus et héritent de leurs parents, parce que la situation des autres, disait-on, ne pouvait que perturber l'ordre social. Pendant des siècles il a paru « naturel » d'exécuter les criminels, parce que seule la peine de mort, disait-on, était dissuasive. Aujourd'hui encore c'est au nom de la « nature » que beaucoup considèrent que le mariage ne peut unir qu'un homme et une femme, ou que des enfants ne peuvent être élevés que par un père et une mère.

La réflexivité fondatrice de l'émancipation doit donc d'abord porter sur **la question des rapports**

entre la nature et la culture, le biologique et le social. Qu'est-ce qui est « naturel » et qu'est-ce qui ne l'est pas ? Qu'est-ce qui caractérise l'homme en tant qu'espèce et qu'est-ce qui varie d'une civilisation à l'autre, d'une époque à l'autre ? Seules les sciences sociales (sociologie, ethnologie, histoire) peuvent le dire. Seules elles peuvent montrer que ce qu'on prend pour « naturel » n'a pas toujours été ainsi ; et que par exemple il existe des sociétés où le mariage n'est pas organisé comme celui de la société occidentale chrétienne, ni les enfants élevés par un couple composé d'un homme et d'une femme. Seule cette historicisation des phénomènes les plus banals, les plus quotidiens, les plus routiniers, peut permettre de « neutraliser, au moins dans l'ordre de la théorie, les effets de la naturalisation, et en particulier l'amnésie de la genèse individuelle et collective d'un donné qui se donne avec toutes les apparences de la nature et demande à être pris pour argent comptant. »[69]

Il est vrai que par ce biais Bourdieu semble revenir à la philosophie des Lumières et faire de la Science – ici essentiellement les sciences sociales – le principe d'une libération, non plus de la « superstition » et des « préjugés », mais des « habitus » et des « schèmes » qui fondent la domination. Comme chez Kant, l'émancipation part d'une « critique

69. *Ibid.*, p. 262.

publique », d'un espace public de débat et d'argumentation où tout homme, quels que soient son statut et sa fonction sociale par ailleurs, peut discuter à égalité avec tout autre du moment qu'ils parlent le langage de l'approche rationnelle des phénomènes. Par ce biais, Bourdieu ne charge-t-il pas la science, et notamment la sociologie, d'une vocation trop lourde pour elle ? Ne demeure-t-il pas dans l'idée spinoziste et kantienne des intellectuels comme avant-garde de l'émancipation ? Ne reste-t-il pas pris dans le rêve d'une « république des savants » qui était déjà celui de Condorcet, et après lui, de tout le XIXe siècle européen ?

C'est la question que pose Luc Boltanski lorsqu'il pointe la contradiction des « sociologies critiques » comme celle de Bourdieu et de Foucault. D'une part, elles développent une description « pessimiste » de la société ; elles dévoilent les modes de la domination, les mécanismes qui la rendent invisible, inconsciente (et d'autant plus efficace) ; elles placent la violence – « symbolique » plutôt que physique - au cœur de la vie sociale. Mais d'autre part, elles ne peuvent se dire critiques qu'en associant à cette première description « une seconde description (optimiste) qui, prenant appui sur les formes historicistes du projet de libération des Lumières, oriente la succession des ordres sociaux dans le sens de l'émancipation. »[70] Ce qui suppose

70. L. Boltanski, *De la critique*, Gallimard, 2009, p. 34.

de s'appuyer sur une philosophie implicite mettant l'accent « sur l'autonomie des êtres humains capables, sous certaines conditions historiques, de prendre conscience de leur aliénation et de se lever contre les forces qui les dominent. »[71]

« L'accrochage entre ces deux genres de descriptions sociologiques est loin d'aller sans problème. » Ou bien, comme il vient d'être dit, on charge la sociologie d'une mission quasi-messianique, on en fait l'agent d'une libération qu'elle produirait par elle-même, de par sa seule démarche analytique et critique – et en ce cas on est dans le scientisme qui imprégnait le XIXe siècle jusqu'à Auguste Comte. Ou bien on se réfère à une morale de la liberté et des valeurs – à la manière de Sartre, par exemple – qui est aux antipodes de l'analyse sociologique et repose sur des mythes que la sociologie critique dénonce (illusion d'autonomie, primat de la conscience sur l'inconscient, croyance à la rationalité des comportements, etc.). Ou bien encore on se tourne vers une conception déterministe comme la conception marxiste, et en ce cas on délaisse l'approche strictement sociologique au profit d'une philosophie de l'histoire, d'un « quasi-évolutionnisme » que rien ne permet de justifier scientifiquement.

---

71. *Ibid.*

Ne pouvant admettre aucune de ces options, le discours de Bourdieu est condamné à des formules vagues dès qu'il est question de pratiques émancipatrices. Il évoque des « possibles latéraux » qui se dessineraient autour de ceux que détermine la structure des habitus et de la culture dominante : mais comment sont-ils possibles, si précisément la naturalisation opérée par celle-ci conduit à exclure *a priori* toute autre éventualité ? Il suggère l'existence de phénomènes de « résistance » à l'ordre symbolique : mais peut-on les comprendre en dehors de l'allégeance à d'autres ordres symboliques tout aussi contraignants que ceux auxquels ils s'opposent ?

Il invoque encore « l'autonomie relative de l'ordre symbolique qui, en toutes circonstances et surtout dans une période où les espérances et les chances se désajustent, peut laisser une marge de liberté à une action politique visant à réouvrir l'espace des possibles. »[72] Ici ce n'est plus la sociologie qui est déterminante dans le processus d'émancipation, en montrant la relativité historique de phénomènes appréhendés comme naturels. C'est l'action politique qui dessine d'autres possibles que ceux existants. Mais comment savoir s'ils sont illusoires ou raisonnables, utopiques ou réalistes, sans derechef s'appuyer sur l'analyse sociologique qui seule peut

72. P. Bourdieu, *Méditations pascaliennes, op. cit.*, p. 336.

déterminer ce qui relève du réel et ce qui relève du fantasme ?

On est donc sans cesse renvoyé de la sociologie à la politique et de la politique à la sociologie. **L'émancipation oscille entre un activisme qui veut forcer les pesanteurs sociales et un positivisme qui subordonne toute action à une analyse scientifique.** Elle hésite entre un volontarisme qui prétend briser les déterminismes et un rationalisme qui veut au contraire démontrer leur nécessité. D'un côté Bourdieu affirme que « la transgression symbolique d'une frontière a par soi un effet libérateur parce qu'elle fait advenir pratiquement l'impensable[73] » : l'émancipation peut – et même peut-être doit – advenir « sans y penser », par des actes qui dépassent leur intention, et font surgir dans le réel ce qui jusque-là semblait inconcevable : trancher la tête du Roi, en 1793, a dû être l'un de ceux-là, en annihilant d'un seul coup tout ce que la personne royale pouvait encore avoir de sacré, même aux yeux des révolutionnaires.

Mais d'un autre côté ces transgressions démentent le savoir sociologique, parce qu'elles dérogent aux lois et aux nécessités structurales qu'il prétend établir. Dans et par le projet d'émancipation, la sociologie cède la place à l'histoire – à une histoire faite par et pour les hommes, aux antipodes de l'anti-

73. *Ibid.*, p. 339.

humanisme professé par Foucault et Bourdieu – ou à la philosophie, une philosophie de la liberté et de la conscience, aux antipodes de la philosophie objectiviste (« traiter les faits sociaux comme des choses ») qui sous-tend le projet de la sociologie critique.

Le sociologue est donc déchiré. Comme savant, il cherche à mettre en évidence des régularités aussi constantes que possible, des processus inconscients échappant à la maîtrise des acteurs. Mais comme militant progressiste engagé, il veut au contraire démentir la prégnance de ces mécanismes et réintroduire de l'indétermination dans la réalité sociale. On pourrait dire en fin de compte, sans trop exagérer, que **l'émancipation, c'est la mort de la sociologie** – perspective qui est dure à assumer pour un sociologue…

Vers une sociologie de l'émancipation ?

C'est pour surmonter cette contradiction que Luc Boltanski veut passer des « sociologies surplombantes de la domination » (de Marx à Bourdieu) à une « sociologie des acteurs » qui mette en évidence non seulement les pesanteurs, mais aussi les marges d'initiative qui s'offrent à eux.

Pour cela, il analyse ce qu'il nomme la « contradiction herméneutique » : à savoir le décalage entre la croyance aux institutions, la foi qu'on leur accorde, le crédit dont elles bénéficient, et les « épreuves de réalité » qui font apparaître en elles des discordances, des défaillances. Par là elles se dénoncent toujours quelque peu comme des fictions ; elles suscitent une inquiétude qui peut déboucher sur une critique radicale.

Chez Boltanski, la notion de *critique* vient préciser ce que des notions comme celle de « résistance » avaient d'imprécis chez Foucault et Bourdieu. Il s'agit de mettre en évidence dans les institutions une « tension » qui « enferme la possibilité de la critique », c'est-à-dire de leur propre mise en cause. Dans cette optique, il n'est plus besoin de la sociologie pour opérer « l'historisation » ou la « dénaturalisation » que souhaitait Bourdieu. Les institutions et les règles portent en elles-mêmes leur contestation ; elles sont structurellement et potentiellement émancipatrices, même quand elles semblent normatives, voire totalitaires. « Faisant face aux institutions, qui disent ce qui est, se tient la *critique,* sans doute présente également, mais à des degrés divers et sous des formes différentes dans toutes les sociétés. »[74] Il n'est plus besoin de rechercher ailleurs – dans la philosophie ou la morale, dans un principe métaphysique ou psychologique – un fondement à la volonté émancipatrice. C'est la domination même qui est virtuellement

74. L. Boltanski, *De la critique, op. cit.*, p. 150.

émancipatrice. Aux antagonismes binaires oppression/libération, superstition/raison, soumission/révolte, autorité/autonomie, etc. dans lesquels la philosophie des Lumières, les théories marxistes ou marxisantes, la sociologie critique demeuraient enfermées, se substitue **une analyse fine de la réalité sociale** pour en exhiber les failles, les contradictions internes, les ressources dynamiques, les ferments de contestation.

Ainsi toutes les institutions appellent des « jugements de normalité », par lesquels elles obtiennent la reconfirmation permanente dont elles ont besoin. Ces jugements impliquent des critères qui sont nécessairement généraux, vagues, imprécis quant aux situations concrètes qu'ils doivent traiter ; et des instances d'arbitrage qui ménagent des possibilités de recours ou de contestation. De là des « épreuves de réalité » qui ont le caractère de tests pour « mettre à l'épreuve » les principes en vérifiant périodiquement leur adéquation à l'expérience. Les tribunaux, les examens, les médias, constituent de telles instances.

Dans le cas de l'affaire Humbert par exemple, la mère, ainsi que le médecin, étaient inculpés de crime pour avoir injecté une dose létale au fils paraplégique. Le débat, animé par les associations militant pour la légalisation de l'euthanasie, portait sur la question : « Vous appelez ça un crime ? ». Il s'agissait de savoir si, bien qu'ayant commis volontairement un acte ayant entraîné la mort, elle méritait d'être qualifiée de *criminelle*. « L'objet de l'affaire, au-delà du cas particulier de cette femme et de son fils, est de modifier l'extension de la qualification de criminel - définie par le fait de donner volontairement la mort - en mettant en valeur l'écart entre des exemples différents »[75], par exemple entre celui qui tue quelqu'un pour le dévaliser et une mère qui veut abréger les souffrances de son fils à sa demande. L'institution judiciaire n'est donc pas seulement un pouvoir d'application d'une règle appréhendée comme une évidence « naturelle » (tous ceux qui tuent doivent être punis), c'est-à-dire comme une forme de « violence symbolique ». C'est aussi **un pouvoir d'interprétation** de l'évidence elle-même - ce qu'on appelle le pouvoir de « jurisprudence ». Ce pouvoir-là porte en soi la possibilité d'une discussion, d'une pluralité d'interprétations qui rend possible la critique, la transformation sociale, et par voie de conséquence des avancées émancipatrices.

On pourrait faire la même démonstration à propos d'autres exemples dans d'autres ordres que l'ordre judiciaire. L'histoire du mouvement ouvrier montre que souvent, des conflits au départ limités, portant sur des points d'interprétation apparemment secondaires (Que faut-il entendre par « motif légi-

75. *Ibid.*, p. 165.

time d'absence » ? Quelles circonstances justifient qu'on arrête de travailler ? Quelles sont les conditions qui rendent valide un licenciement individuel ou collectif ? Qu'est-ce qui permet de dire qu'une entreprise est « en danger » ? etc.) suscitent des contestations pouvant parfois aboutir à des affrontements violents et des avancées sociales décisives.

Les conditions subjectives de l'émancipation

On peut, à partir de là, tenter de définir ce qu'on pourrait appeler les conditions subjectives de l'émancipation, à savoir les circonstances qui caractérisent le passage de la situation de domination à une situation d'émancipation, fût-elle ponctuelle et limitée. Chacune de ces conditions pose des questions portant sur la nature même de l'émancipation ; elles obligent à préciser le concept en s'arrachant aux conceptions philosophiques manichéennes et binaires dont nous sommes partis dans le premier chapitre.

1. L'existence de décalages entre la « réalité » et le « monde »

Boltanski distingue la *réalité,* qui est « ce qui paraît se tenir en quelque sorte par sa seule force, c'est-à-dire avec l'ordre »[76] construit socialement, et le

76. *Ibid.*, p. 93.

monde, qui est le fond sur lequel elle se détache, l'ensemble fluctuant de « tout ce qui arrive » et qui, par son incertitude, ses contradictions, ses ambivalences, est susceptible de la remettre en cause.

Lorsque ces fluctuations dépassent la marge de variabilité admise par les cadres sociaux, des contradictions apparaissent : on en a vu un exemple avec les problèmes posés par la fin de vie. Il y a toujours eu des actes d'euthanasie, tout comme jusqu'au XVIIIe siècle, selon Philippe Ariès, il existait des actes d'infanticide tacitement tolérés, bien que contrevenant aux interdits du meurtre. La contradiction ne pose problème que lorsque ces arrangements tacites sont remis en cause. Dans le cas de l'infanticide, le statut de l'enfant évolue progressivement et le fait passer du statut de « petit animal » qu'il faut dresser à celui d'être humain en devenir qu'il faut éduquer (dont témoigne, entre autres, *L'Émile* de Rousseau). Du coup l'infanticide devient inadmissible ; il est requalifié officiellement comme meurtre, même s'il l'était déjà formellement auparavant.

Dans le cas de l'euthanasie, les pratiques d'acharnement thérapeutique sur des moribonds en extrême souffrance ne posaient pas problème tant qu'il était admis que la vie biologique est le seul critère évident de respectabilité : on doit respecter la vie d'autrui à tout prix et en toutes circonstances, donc la prolonger le plus possible. Elles deviennent problématiques quand les progrès de la médecine poussent ces situations à l'absurde, en prolongeant indéfiniment des existences crépusculaires. En outre, l'évolution des conceptions de la vie associe de plus en plus la valeur de celle-ci non à sa simple réalité biologique, mais à la capacité de vivre des expériences heureuses, amoureuses, conviviales, intéressantes ou exaltantes. Quand cette capacité est compromise, ce qui autrefois semblait « naturel » (prolonger la vie à tout prix) ne l'est plus. Pour reprendre la terminologie de Boltanski, la *réalité* n'a pas changé (les lois sont toujours les mêmes, les interdits toujours en place) mais le *monde* fait irruption en elle pour y faire surgir des « cas » douloureux (affaire Humbert, affaire Chantal Sébire) qui autrefois n'auraient même pas été aperçus.

Mais la valeur émancipatrice de ces décalages n'est pas sans soulever des problèmes. S'ils existent dans toute société, comment mesurer l'intensité du seuil qui fait passer d'un écart « normal » à un écart « critique » ? Comment passe-t-on du sentiment d'une contradiction ou d'une inquiétude herméneutique (cet acte est-il un crime ?) à une réflexion sur la légitimité des règles et des normes ? C'est l'objet de la seconde condition.

2. Le développement de la réflexivité

C'est ce qu'on pourrait appeler le passage de l'inconscience (on vit une situation comme naturelle, si évidente qu'elle n'appelle que des réponses quasiment automatiques) à la conscience d'une incertitude, d'une difficulté suspendant l'action. Cette suspension a pour effet de **« rendre la réalité inacceptable »**[77] ; elle peut passer par des vécus opposés. D'un côté elle peut se traduire par une paralysie, un **sentiment d'inhibition** engendrant des conduites de retrait, d'apathie, d'indifférence : c'est le cas de toutes les attitudes dépressives analysées par Alain Ehrenberg face aux situations de souffrance sociale. D'un autre côté elle peut au contraire s'exprimer par **l'indignation :** celle-ci constitue une « émotion normative » dont les historiens ont montré la valeur mobilisatrice[78]. Il y a en elle une dimension universalisante que les autres émotions ne possèdent pas. On s'indigne parce qu'on subsume une personne ou une situation singulière sous une exigence universelle à laquelle elle déroge incompréhensiblement. C'est aussi **une émotion publique,** qui implique un auditoire, une interpellation prenant à témoin ses auditeurs, une dimension de sacralité invitant à la conversion plutôt qu'elle ne raisonne ou argumente.

Ici encore, cette dimension ne va pas sans poser problème. La société libérale contemporaine valo-

77. L. Boltanski, *Rendre la réalité inacceptable,* Demopolis, 2008.

78. Cf. A.-C. Ambroise-Rendu et Ch. Delporte (dir.), *L'indignation, Histoire d'une émotion politique et morale,* Nouveau Monde éditions, 2008.

rise le « débat », la « discussion », la « confrontation » des points de vue. Elle médiatise toutes les manifestations, surtout si elles sont véhémentes ou violentes. On peut dès lors se demander s'il n'y a pas une *récupération de la réflexivité* (blogs, twitter, etc.) qui conduit, non à l'émancipation, mais au contraire à un **relativisme démobilisateur,** un scepticisme blasé et blagueur dont le Grand et le Petit Journal de Canal Plus fourniraient une bonne illustration. Peut-il y avoir émancipation quand les démarches qui s'en réclament sont théâtralisées comme des spectacles et que les orateurs qui parlent en son nom préparent leurs effets comme s'ils étaient en représentation ? Le propre de la démocratie libérale, on l'a souvent noté, est de tout admettre, et par cette tolérance universelle, de banaliser toutes les critiques. Elle se fortifie de cela même qui la conteste. Toute réflexivité n'est pas émancipatrice par cela même qu'elle est réflexive : il y a donc lieu de s'interroger sur les conditions d'une réflexivité réellement émancipatrice.

3. Identification d'un adversaire

Boltanski, après Bourdieu et Foucault, montre qu'une des conditions de la domination est son *anonymat*. Alors qu'un régime tyrannique ou aristocratique rend, par principe, les dominants visibles, et facilite ainsi la contestation de leur pouvoir, le propre des démocraties libérales capitalistes est de rendre la domination diffuse, peu visible, incertaine quant à ses modalités et ses limites. La noblesse de l'Ancien Régime s'identifiait aisément par la détention de privilèges et de prérogatives dont les autres ordres étaient exclus. Les capitalistes d'aujourd'hui, dira-t-on, s'identifient par la détention d'un patrimoine financier et l'exercice d'un pouvoir de direction à la tête des entreprises. Mais entre les « grands capitalistes » connus de tous (Bill Gates, Steve Jobs, Bernard Arnault, etc.) et le petit actionnaire qui ne détient que quelques titres, il existe toute une gamme de situations intermédiaires qui rend floue la frontière entre « dominants » et « dominés » : d'où l'idéologie de la « fin de la lutte des classes », voire des classes elles-mêmes.

À cela s'ajoute qu'au contraire des nobles d'autrefois, les riches d'aujourd'hui vivent souvent dans la discrétion et s'habillent comme tout le monde. Ceux qui font la une des journaux people par leurs frasques sont souvent les « nouveaux riches » (vedettes de cinéma, sportifs, etc.) qui n'exercent pas de pouvoir économique et encore moins politique.

Enfin, les dominants d'autrefois revendiquaient explicitement le pouvoir qu'ils exerçaient. Même s'ils prétendaient l'exercer au nom de Dieu, ils assumaient leurs décisions et les présentaient comme leur volonté propre (« Tel est mon bon plaisir »). Ceux d'aujourd'hui se retranchent derrière des puissances impersonnelles – les lois du marché, les contraintes économiques, les impératifs techniques – pour s'exonérer de toute responsabilité. Comme le dit Boltanski, « l'une des caractéristiques des effets de domination complexes est d'offrir moins de prise à la critique qu'un régime de répression (...) La question de savoir *qui* sont les dominants s'y présente donc comme problématique. »[79] Ce qui auparavant était assuré par des « effets de naturalisation » (l'arbitraire social présenté comme naturel, universel, exprimant la réalité même des choses, valables partout et toujours) est aujourd'hui assuré par des « effets de complexité. »[80] À ceux qui seraient tentés par une émancipation polémique, l'on dit : tout est toujours plus compliqué que vous ne croyez ; ceux qui *semblent* responsables ne le sont pas ; il y a d'autres acteurs, d'autres facteurs, dont l'élucidation relève d'une « analyse interminable ». Il est toujours trop tôt pour désigner des adversaires ; il faut attendre, suspendre la lutte jusqu'à ce que la recherche ait livré ses résultats – or ceux-ci sont par définition toujours provisoires et toujours discutables.

---

79. L. Boltanski, *De la critique*, *op. cit.*, p. 192-193.

80. À cet égard une pensée comme celle d'Edgar Morin, qui développe depuis des lustres une « théorie de la complexité », fournit une excellente caution à cette idéologie, même si telle n'est pas la visée de son auteur.

Pourtant, les mouvements politiques visant l'émancipation des dominés ont jusqu'ici toujours eu besoin de désigner un adversaire pour passer du stade de l'indignation abstraite à la lutte concrète. La littérature des Lumières fourmille d'imprécations contre « le despotisme », « la superstition » et « l'obscurantisme », entités anonymes et impersonnelles ; mais la Révolution française a éclaté avec le renvoi de Necker et son remplacement par le baron de Breteuil, qui donne enfin un visage au « complot aristocratique ».

Pareillement, les luttes ouvrières du XIXe siècle n'ont débouché sur des conquêtes sociales que lorsque la bourgeoisie a cessé d'être une entité floue pour devenir, avec Marx, un concept dont les contours et les mécanismes de domination étaient analysés d'une manière précise ; et avec Zola, une classe sociale décrite avec férocité et minutie.

Vouloir s'émanciper, au sens politique, c'est toujours simultanément **identifier une *situation* et un *auteur* d'injustice.** C'est appréhender une réalité à la fois comme scandaleuse et comme hostile, motif d'une visée éducative (pour faire prendre conscience à toutes les victimes du sort intolérable qui leur est infligé) et d'une lutte contre un ennemi clairement reconnu. C'est **embrasser une *cause*** au double sens de ce terme : s'emparer d'une situation pour la déclarer inadmissible, et en nommer les auteurs (personnes, groupe, classe). Tant que ces deux aspects ne sont pas présents ensemble, la volonté émancipatrice reste défaillante, imparfaite et incomplète. Elle se cantonne soit à une déploration impuissante, soit à une imprécation inconsistante.

La question de l'adversaire ne saurait être dissociée de celle du *bouc émissaire*. Comme l'a bien montré René Girard, toute crise suscite la tentation de désigner un ennemi ; mais dans le cas du bouc émissaire, cette désignation est inappropriée. Le propre du bouc émissaire est d'être érigé en adversaire à la place du véritable adversaire, et précisément pour le dissimuler (les Juifs à la place des puissances financières et industrielles responsables de la crise des années 1930, etc.).

Mais en pratique, peut-on dissocier les deux concepts d'adversaire et de bouc émissaire ? Le problème posé est celui de **la visibilité de l'adversaire.** Pour être identifié, un adversaire doit être visible. Or cette visibilité aujourd'hui, on l'a vu, ne va plus de soi. Toutes les sociétés comportent des champs de compétition : les nobles de l'Ancien Régime en compétition pour les places et les honneurs ; les entrepreneurs de la société capitaliste en concurrence sur les marchés. Elles impliquent également des domaines d'antagonismes non compétitifs : les différentes classes sociales ne sont pas en compétition, puisque du fait de la division du travail elles ont chacune leur sphère d'activité distincte et complémentaire des autres. Elles connaissent pourtant des conflits, dont la lutte des classes théorisée par Marx est la forme la plus aboutie.

En ce sens, la distinction entre le *concurrent* et *l'adversaire* est fondamentale. Le concurrent est celui avec qui je suis en compétition dans un domaine qui nous est commun, comme par exemple les entrepreneurs capitalistes sur les marchés. Si acharnée que soit la compétition, il ne saurait être mon adversaire. La relation concurrentielle divise et oppose, mais réunit aussi ceux qu'elle met en jeu dans une commune complicité et supériorité vis-à-vis de ceux qui en sont *a priori* écartés : les roturiers pour les nobles de l'Ancien Régime, les ouvriers et paysans pour la bourgeoisie dans le capitalisme moderne.

La société contemporaine tend à généraliser la compétition. Il n'y a plus de « hors-champ » : dans l'idéologie néolibérale, tout le monde est supposé participer à la compétition en fonction de ses mérites et capacités. Dans les crises qui marquaient le passage d'une époque à une autre, d'une société à l'autre, l'adversaire était désigné précisément dans ce « hors-champ » de la compétition. Pour les révolutionnaires issus majoritairement de la bourgeoisie, les nobles étaient l'ennemi, non pas seulement parce qu'ils détenaient le pouvoir, mais aussi parce qu'il n'y avait pas de terrain commun, de règles communes susceptibles d'organiser une concurrence entre eux. Le bourgeois gentilhomme de

Molière cherchait encore à singer la noblesse, à entrer en concurrence avec elle en reprenant ses rites, ses habits, ses manières d'être. Il n'en va plus de même pour le bourgeois de la fin du XVIIIe siècle. Le noble n'est plus un modèle à imiter, un rival à battre sur son propre terrain, mais un parasite à éliminer, un obstacle à détruire pour établir la seule compétition qui vaille – celle qui se déroule au plan économique et méritocratique. Il est exclu aussi bien du champ de la pédagogie que de la compétition : il n'est ni à convertir, ni à surpasser. Il devient purement et simplement un ennemi, le camp des tyrans et des profiteurs qu'il s'agit d'exproprier par la force ; et dès lors il devient la cible d'une indignation proprement politique et non pas seulement morale.

Il en va de même des luttes ouvrières qui ont marqué la fin du XIXe siècle et le XXe siècle. Pour le prolétaire, le bourgeois n'est pas un concurrent, car il n'a aucun espoir d'accéder au statut qui est le sien. Mais ce n'est pas non plus un homme à convaincre ou persuader, comme c'est le cas pour l'ouvrier à qui s'adresse le militant. C'est « l'ennemi de classe » à combattre, soit pour le détruire (dans l'apocalypse révolutionnaire du « Grand Soir »), soit pour lui arracher des avantages (dans l'option réformiste sociale-démocrate).

Dans une société où la compétition tend à se généraliser, ce schéma n'est plus pertinent. Si tous sont potentiellement concurrents, il n'y a plus d'adversaire. Il disparaît, devient invisible et introuvable. Dans une telle société, il peut y avoir des bons et des méchants, des habiles et des maladroits, des compétents et des incompétents, des cyniques et des naïfs, des *winners* et des *losers* – mais non des adversaires à strictement parler. La compétition généralisée fait disparaître toute classe extérieure susceptible d'être rendue responsable de la crise, du malaise ou du malheur qu'elle engendre.

Par là même, elle accroît considérablement les chances du bouc émissaire : faute de pouvoir identifier les auteurs réels des maux dont on souffre, on se rabat sur des auteurs supposés. On se précipite sur ceux qui, étant déjà visibles (par leur apparence physique, leur appartenance ethnique, territoriale ou autre) n'ont plus besoin d'être rendus visibles. Comme l'écrit Didier Pourquery : « En période de crise, pour détourner l'attention, il n'est jamais mauvais de verser un soupçon de démagogie nationaliste dans le cocktail politique. Il faut des responsables. Nous vivons à l'âge de la suspicion, de la parano généralisée »[81].

La question de l'adversaire dans la société universellement compétitive qui est la nôtre est donc primordiale. Pour éviter la dérive des victimes émissaires, il est essentiel **d'identifier ceux qui, sem-**

81. *Le Monde* du 20-21/11/2011

blant participer à la compétition, s'y soustraient en réalité, que ce soit intentionnellement ou inconsciemment. Cette identification ne va pas de soi. Elle exige un travail d'analyse patient, minutieux et rigoureux. Sans lui, l'action émancipatrice dépourvue d'adversaires et donc d'exigences, ne saurait être véritablement lutte mais seulement gesticulation moralisatrice ou dénonciation expiatoire.

4. La « montée en généralité »

Il s'agit ici de ce que Boltanski appelle « une sémantique d'identification et de classification des groupes sociaux ». De situations éparses, singulières et diverses de domination (harcèlements, abus de pouvoir, spoliations, injustices dans le recrutement et l'avancement, échecs professionnels vécus comme injustifiés, etc.) on passe à des regroupements catégoriels qui font surgir l'évidence de *privilèges* qui ne sont plus individuels mais collectifs. La question dominante est alors : « Pourquoi ce sont toujours *les mêmes* qui satisfont à toutes ou à la plupart des épreuves, quelles que soient leur nature, et inversement, pourquoi ce sont toujours *les mêmes* qui, face à toutes les épreuves ou presque, se révèlent médiocres ? »[82]

De même, la volonté d'émancipation des femmes se développe à partir du moment où il y a « un va-

82. L. Boltanski, *De la critique, op. cit.*, p. 67.

et-vient entre l'expérience de chaque femme prise en particulier et la *condition féminine* envisagée dans sa généralité. »[83]

Le **sentiment d'appartenance à un collectif** (que désigne l'expression *« les mêmes »)* en relation conflictuelle avec d'autres collectifs (« les patrons », « les petits chefs », « les bourgeois », ou pour les femmes opprimées « les machos », etc.) est une condition *sine qua non* de la volonté émancipatrice. Sans lui, celle-ci demeure dans la sphère du ressentiment, de la rancœur, de la jalousie ; elle ne concerne que les relations d'individu à individu.

Mais ici encore, cela ne va pas sans poser problème. Entre le fourmillement des révoltes localisées (Florange, PSA, Goodyear, etc.) et les abstractions vagues du type « les prolétaires », « les pauvres », « les masses populaires », etc., comment trouver des concepts intermédiaires qui permettent de faire l'articulation entre une sociologie généraliste et les luttes de terrain syndicales, politiques ou sociétales ? Cette montée en généralité passe-t-elle nécessairement par des institutions (syndicats, partis politiques) ou peut-elle adopter des modes informels de développement et de diffusion, comme par exemple le web et le téléphone mobile dans le mouvement des Indignés ou les « printemps arabes » ? Et jusqu'à quel point ces consciences collectives

83. *Ibid.*, p. 69

sont-elles durables ? On débouche ici sur la dernière condition de la volonté d'émancipation.

5. Cristallisation du désir en desiderata

Il s'agit de passer d'une démarche négative de résistance, critique, contestation, indignation, etc. à des exigences précises échappant aussi bien au flou des mots d'ordre généraux (« Pour la justice », « pour plus d'égalité », etc.) qu'à des revendications purement conservatrices (annulation d'un plan de licenciement, par exemple).

Les revendications concernent généralement d'abord l'application de droits existants (garanties juridiques contre les licenciements abusifs, le harcèlement, les conditions de travail, l'expulsion arbitraire des locataires, etc.) ou l'acquisition de droits nouveaux (par exemple le droit à la formation tout au long de la vie, à un logement, ou pour les homosexuels le « mariage pour tous »). Elles relèvent de ce qu'en anglais désigne le verbe *« may » :* permission, autorisation de faire (ou interdiction d'infliger à autrui).

Beaucoup plus rares sont les revendications qui portent, non sur des droits-permission ou interdiction, mais sur des *capacités*. Ainsi par exemple le droit, pour les salariés, de siéger au conseil d'administration des entreprises ne leur donne formellement aucun avantage nouveau et ne les protège d'aucune injustice. Mais il leur confère **un nou-**

veau champ de pouvoir : celui de participer aux décisions stratégiques de l'entreprise, d'être informés de sa situation réelle, de peser sur les choix financiers, économiques et sociaux qu'elle fait. Ce pouvoir relève du verbe *« can » :* capacité de faire, d'agir, de réaliser, de coopérer.

Les deux revendications de pouvoir sont émancipatrices. Mais la seconde va plus loin que la première : elle ne se contente pas de permettre plus de justice ou d'interdire des injustices, mais ouvre des possibilités nouvelles, offre des occasions **de transformer la réalité et non pas seulement de la réguler.**

Dans la pratique, ces deux types de *desiderata* sont souvent mêlés. Ainsi la légalisation de la contraception, puis de l'avortement, obtenue par les mouvements féministes dans les années 1970, était la reconnaissance d'un *droit* nouveau, permettant de faire ce qui auparavant était prohibé. En ce sens elle était émancipatrice, puisqu'elle levait un interdit pesant sur les femmes. Mais du même coup elle donnait aussi à celles-ci un *pouvoir* nouveau sur leur corps - pouvoir individuel mais aussi social - et débouchait sur de nouvelles relations entre les « femmes émancipées » et les hommes. Elle ouvrait à ceux-ci également - qui étaient pourtant les « dominants » - de nouvelles possibilités amoureuses, relationnelles, professionnelles.

Car telle est l'une des propriétés remarquables de la volonté émancipatrice : c'est qu'elle n'émancipe pas seulement les dominés, mais aussi les bénéficiaires de la domination. Elle révèle *a posteriori* qu'eux aussi étaient aliénés dans et par leur domination même. Le combat émancipateur des dominés pour leur libération n'est pas seulement mené à leur profit : sans qu'ils en aient conscience, ils luttent aussi pour leurs oppresseurs, et non pas seulement contre eux.

Synthèse

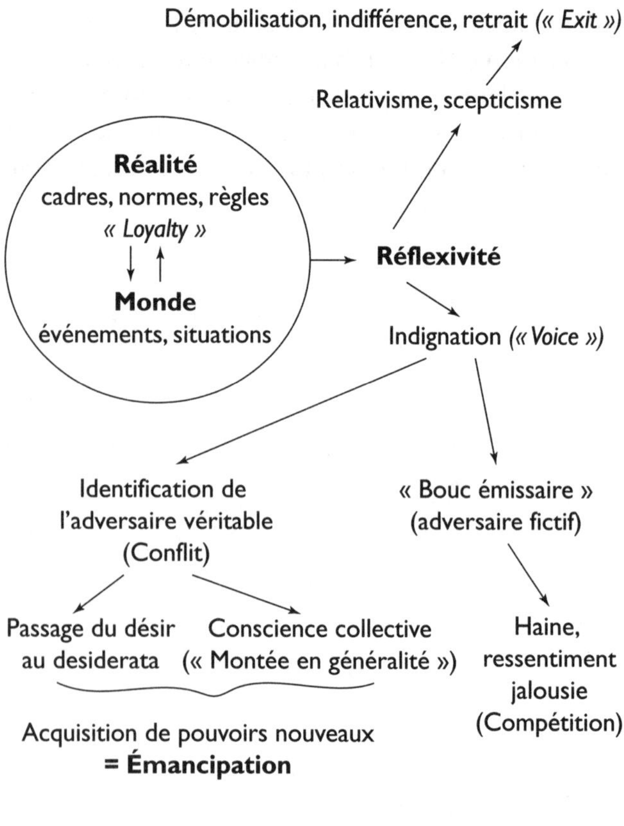

L'émancipation, François Galichet, Chronique sociale.

Chapitre 3

Les stratégies de l'émancipation

Dès qu'elle est sortie du champ de l'esclavage d'où elle tire son origine *(cf. chap. 1)* la notion d'émancipation, on l'a vu, s'est élargie. Le premier élargissement a concerné les mineurs, c'est-à-dire les adolescents, qu'il s'agissait d'émanciper pour les rendre majeurs, c'est-à-dire adultes avec tous les droits et devoirs liés à ce statut. En ce sens, l'émancipation a toujours été intimement liée à l'éducation : on éduque les enfants pour les émanciper, les faire passer d'un état d'immaturité à un état de maturité. L'enfant est immature parce qu'il est dominé : non par un maître, comme l'esclave, mais par ses parents, du fait de sa faiblesse corporelle et intellectuelle ; et aussi par sa propre nature, qui le soumet à ses impulsions, à ses caprices, et aux influences extérieures. Éduquer un enfant, c'est le libérer de toutes ces oppressions au-dedans et au-dehors de lui ; c'est le conduire de la dépendance à l'autonomie, de la soumission à la souveraineté, de l'obéissance à la responsabilité.

Les stratégies d'émancipation, même quand elles portent sur les adultes (colonisés, femmes, travailleurs, etc.), ont toujours puisé leurs modèles et leurs ressources dans la pensée éducative. Assurément de l'enfant à l'adulte, l'analogie ne va pas de soi : on ne saurait transposer telles quelles les démarches et méthodes de l'éducation initiale à la formation des adultes sans traiter ceux-ci comme des enfants, donc perpétuer leur aliénation et maintenir la domination dont on prétend les affranchir. Mais l'éducation a fourni à l'émancipation des schèmes et des catégories qu'elle adaptera à chaque situation particulière. C'est pourquoi *les trois grands types de stratégies* que nous allons analyser s'enracinent dans les réflexions pédagogiques sur l'enfant, et tentent d'en tirer des conclusions dans le domaine des adultes. Il ne s'agit pas de traiter l'opprimé ou le dominé comme un « grand enfant », mais de prendre en compte la continuité qui existe entre l'éducation à visée émancipatrice de l'enfant – processus anthropologique universel, qu'on retrouve dans toutes les cultures – et l'émancipation de collectivités ou classes sociales déterminées, qui peut trouver dans l'éducation des sources d'inspiration et de réflexion.

Dans le premier chapitre, nous avons repéré trois grandes figures de l'émancipation, distribuées dans le temps comme des périodes historiques successives, mais coexistant également comme des conceptions distinctes donnant lieu à des choix : la figure éthique, née dans l'Antiquité ; la figure rationaliste et universaliste, née avec la Renaissance et s'accomplissant au XVIIIe siècle avec les Lumières ; la figure romantique et individualiste, caractéristique de l'époque contemporaine. Il n'est pas étonnant qu'elles aient inspiré des stratégies différentes, que nous allons examiner ici. Même si on ne peut opérer une correspondance terme à terme entre celles-ci et celles-là, il y a des affinités entre elles ; c'est ce que nous nous attacherons à faire ressortir.

Mais parce que les différences théoriques et pragmatiques sont plus importantes que les aspects chronologiques, nous n'allons pas ici les reprendre dans le même ordre que dans le premier chapitre. D'un point de vue logique, la stratégie la plus simple découle de la démarche rationaliste : c'est donc elle que nous examinerons en premier. Les deux autres se définissent à la fois contre elle et à partir d'elle, et d'ailleurs elles intègrent parfois des éléments issus des modèles dont elles prétendent se distinguer.

La stratégie rationaliste et le modèle mimétique

Nous avons exposé, dans la figure universaliste, l'importance de Condorcet pour la conception d'une émancipation identifiée à un idéal d'indépendance matérielle et intellectuelle, donc à une instruction universelle en opposition à toutes les formes d'obscurantisme.

L'*Esquisse d'un tableau historique des progrès de l'esprit humain* définit *six grands stades* dans l'émancipation du genre humain[84]. Chaque stade se caractérise à la fois par un certain degré de domination et un type d'éducation.

Dans les sociétés patriarcales du début de l'humanité, le pouvoir est exercé par le père de famille ; l'éducation est domestique ; elle se caractérise par une transmission orale et l'imitation des adultes.

• Avec l'éducation spartiate, la domination devient collective : les guerriers exercent le pouvoir en commun, dans une société essentiellement guerrière. L'éducation elle aussi devient collective, mais reste orale et obscurantiste. Son but est la puissance de la cité et non l'émancipation de ses membres.

• Il en va autrement de la démocratie athénienne, qui développe une première forme d'instruction et introduit l'écrit dans l'éducation. Toutefois, l'émancipation reste limitée aux seuls citoyens mâles ; elle exclut les esclaves, mais aussi les femmes et les étrangers. Si restreinte soit-elle, elle permet déjà un développement sans précédent des sciences et de la philosophie, c'est-à-dire de la rationalité.

---

84. Cf. le tableau récapitulatif établi par Ch. Coutel, *À l'école de Condorcet*, Ellipses, 1996, p. 126.

• La société féodale réserve ce savoir rationnel à une élite : les clercs, dont la domination conforte celle des nobles. Sa forme est monarchique ou seigneuriale. L'écrit reste dévolu à des privilégiés ; le peuple en est exclu.

• Avec le despotisme éclairé les Lumières s'étendent. L'éducation se privatise : initialement assurée par des institutions cléricales (monastères, collèges des jésuites, universités), elle accroît son périmètre par le biais du préceptorat privé, qui permet d'émanciper quelques hommes dans toutes les couches de la société, y compris le « Tiers Etat ».

• C'est seulement avec la Révolution et l'instauration de la République que toute forme de domination est abolie (suffrage universel, accès de tous aux emplois, égalité des droits et des devoirs, proportionnalité de l'impôt, etc.) et que l'instruction devient publique. Pour Condorcet, c'est la condition nécessaire et suffisante pour un développement universel, potentiellement indéfini, des Lumières. L'éducation, et donc l'émancipation, repose sur la valorisation de l'imprimerie et de l'écrit, qui permettent une diffusion illimitée des connaissances.

Quelles sont les caractéristiques de cette éducation émancipatrice, qui est à la fois un modèle idéal et une réalité que le régime républicain français commence à mettre en place ?

Ce qui caractérise le savoir libérateur repose sur trois critères ; le premier de ces critères, c'est **son rapport à l'origine.** Le savoir est générateur d'inégalité et d'oppression s'il est fragmentaire, morcelé, dépendant de prémisses qui ne sont pas communiquées - bref, s'il recèle une forte proportion d'implicite qui en rend la compréhension impossible. Il est en revanche libérateur s'il remonte jusqu'aux éléments primitifs qui permettent une maîtrise complète. En matière d'éducation juridique par exemple, il s'agit d'être instruit « des premières lois qui règlent le droit de propriété » ; dans l'art de raisonner, il faudra donner « les premiers principes de la logique », etc. Ce ne sont donc pas les contenus des savoirs qui sont décisifs, mais plutôt leur forme, autrement dit leur capacité à faire l'objet d'une appropriation et d'une compréhension autonomes.

Un deuxième critère intervient avec insistance : **l'utilité.** Les mathématiques qu'il s'agit d'enseigner sont « les règles de l'arithmétique nécessaires dans l'usage de la vie », et leur maîtrise suffit à assurer l'indépendance du citoyen « vis-à-vis du savant qui possède au plus haut degré le génie des sciences mathématiques »[85]. On doit « diriger l'instruction vers les connaissances qu'il est le plus utile d'ac-

85. Condorcet, *Cinq mémoires sur l'instruction publique,* GF-Flammarion, 1994, p. 62.

quérir »[86] ; et lorsqu'il s'agit d'énoncer le principe guidant le choix des théories qui doivent être enseignées, « c'est aux théories dont l'application est la plus commune qu'il faut donner la préférence » ; en particulier, « il faut s'attacher aux connaissances nécessaires pour n'être pas trompé par ceux qui offrent des machines, des projets de manufactures, des plans de canaux » ; et par la même raison « l'on doit préférer les parties de la physique qui sont utiles dans l'économie domestique ou publique ». Pareillement, dans *L'Esquisse d'un tableau historique des progrès de l'esprit humain,* le choix de « ce que chaque homme a besoin de savoir » obéit à des critères essentiellement pratiques : administrer ses affaires, développer son industrie, connaître, défendre et exercer ses droits, etc.[87]

L'utilité dont il s'agit ici n'est pas une utilité purement technique, axée sur la productivité et l'efficacité. Elle a pour critère **l'indépendance** dans tous les domaines, professionnel mais aussi, ainsi qu'on l'a vu, intellectuel, juridique, politique, moral. Instruire chaque homme de ce qu'il a « besoin de savoir pour l'économie domestique », ce serait aujourd'hui lui apprendre à remplir un chèque, à lire une fiche de paye. Lui donner les connaissances nécessaires à « l'administration de ses af-

86. *Ibid.*, p. 133.

87. Condorcet, *Esquisse d'un tableau historique des progrès de l'esprit humain, op. cit.*, p. 214.

faires et au libre développement de son industrie », ce serait l'initier aux luttes syndicales et à toutes les formes de défense de ses intérêts en tant que travailleur, locataire, usager des services publics, etc. Le mettre en mesure de « connaître ses droits, les défendre et les exercer », ce serait lui donner les connaissances juridiques indispensables aujourd'hui – par exemple la distinction du civil et du pénal, ou encore les droits du consommateur. Lui permettre d'être « en état de choisir et de surveiller ses représentants », c'est introduire la politique, non pas simplement comme information sur les institutions mais comme réflexion permanente, ouverte et contradictoire, sur les événements de l'actualité. Le faire « échapper aux prestiges du charlatanisme », ce serait le former à une analyse critique des médias.

Le troisième critère du savoir émancipateur, **c'est sa capacité à mettre les hommes en communication.** Communication linguistique d'abord : elle permet que « les habitants d'un même pays ne [soient] plus distingués entre eux par l'usage d'une langue plus grossière ou plus raffinée »[88], et que tous puissent comprendre également « les opinions, les goûts, les sentiments » que la langue véhicule. Communication économique ensuite : en

88. Condorcet, *Esquisse d'un tableau historique des progrès de l'esprit humain, op. cit,* p. 215.

garantissant l'honnêteté des transactions, en permettant que nul ne soit abusé dans ses négociations avec ses partenaires commerciaux, l'instruction rend possible le développement des échanges, et par conséquent l'essor et le développement économique de la nation. Communication politique enfin : en mettant le citoyen en mesure de choisir et surveiller ses représentants, de leur demander des comptes sans s'abandonner à eux avec une « aveugle confiance », elle multiplie les occasions de débat et d'information réciproque.

Au-delà des trois critères qui viennent d'être dégagés, le principe directeur de cette éducation, c'est **la vérité.** Seule la vérité est libératrice ; tous les mensonges, toutes les illusions, toutes les supercheries ne visent qu'une seule fin : tromper, dominer, asservir. Or la vérité ne se donne que de deux manières : soit par une évidence intime universellement partagée (comme le *cogito* de Descartes et les évidences du cœur dont parle Rousseau, comme la pitié ou le sentiment de la nature), soit par des démonstrations scientifiques. L'éducation émancipatrice est celle qui reconduit l'enfant et l'adulte à ces deux sources de la vérité. D'un côté il s'agit d'engager à une « réflexion de chaque individu sur son sentiment intérieur »[89] qui permette à l'opprimé

89. Condorcet, *Cinq mémoires sur l'instruction publique*, *op. cit.*, p. 126.

de retrouver en lui les intuitions fondatrices de son humanité : conscience de sa dignité, de sa liberté, de son égalité avec tout homme. De l'autre il s'agit de l'initier aux démarches de la connaissance scientifique, qu'elle soit mathématique ou expérimentale, afin qu'il puisse distinguer les propositions objectivement valides des simples opinions. L'instruction rassemble et articule ces deux démarches. Mais dans les deux cas, elle organise un parcours, définit un programme, établit une progression, met en œuvre des moyens. Le sujet à émanciper, qu'il soit enfant ou adulte, est pris dans un réseau institutionnel qui définit à l'avance son cheminement, les buts à atteindre, les étapes à franchir.

La vérité est ce qui, toujours, me précède. S'instruire, c'est refaire un chemin qui a déjà été parcouru - par le savant d'abord, puis le maître, et enfin l'élève. L'enseignant est celui qui a effectué avant moi ces parcours, qui a vécu avant moi ces expériences ; il ne peut m'enseigner qu'en vertu de cette antériorité et à partir d'elle.

Sous cet angle, on peut dire que la démarche de Condorcet est fondamentalement mimétique, si l'on entend ce terme dans un sens platonicien : non comme l'imitation aveugle et servile d'un modèle dogmatiquement imposé, mais comme l'accès à des évidences qui me sont transmises par d'autres. L'émancipation fait parcourir à l'élève ou l'opprimé le chemin qui a été celui de l'humanité ; elle le fait passer du modèle patriarcal des origines à la confiance aveugle des sociétés aristocratiques, pour accéder enfin à l'autonomie de la société républicaine. Bien que Condorcet ne cesse de répéter qu'il n'y a pas de connaissance définitive et que tout doit pouvoir toujours être soumis à la critique et à la discussion, il n'en demeure pas moins que l'éducation vise à éveiller une « sensibilité naturelle, premier principe actif de toute moralité comme de toute vertu »[90]. La fonction de la stratégie d'émancipation n'est pas d'inviter les hommes à construire de toutes pièces un ordre politique dont les principes seraient à inventer ; elle est plutôt de développer en eux une nature qui ne demande qu'à s'épanouir et de s'intégrer dans une société dont la forme républicaine est pour ainsi dire incontournable.

Aujourd'hui, cette stratégie pédagogique regrouperait toutes les approches éducatives en termes de connaissances et de compétences. La personne à émanciper est considérée comme porteuse de potentialités qui restent en friches. On raisonne en termes de déficits et de capacités : il s'agit de faire un « bilan de compétences » pour recenser ses acquis et ses lacunes ; puis on lui propose des formations qui lui donneront les savoirs et les habiletés qui lui manquent. Émanciper, c'est rendre effectif ce qui n'est pour l'instant que virtuel ; c'est remé-

90. *Ibid.*, p. 113-114.

dier aux carences produites par l'appartenance sociale, les conditions de vie et d'éducation. On parle de « défavorisés » qu'il faut « mettre à niveau », voire « remettre à flot » ; l'émancipation est une restauration de ce qui aurait dû être et ne l'a pas été du fait de la misère matérielle et culturelle. Par définition elle ne peut concerner qu'une partie de la population : les « exclus », les « marginaux », les « non-diplômés », les « décrocheurs », etc. Tous ces termes montrent bien qu'elle est conçue à partir d'une logique binaire : dedans/dehors, présence/absence, capable/incapable, acquis/manques, etc.

La stratégie libertaire et le modèle réaliste

C'est contre cette logique binaire que la stratégie libertaire s'insurge. Loin de faire de l'émancipation, dans la ligne de Condorcet, un prolongement ou un accomplissement de l'instruction, elle oppose au contraire l'une et l'autre. L'analyse qu'en fait Jacques Rancière à propos de Joseph Jacotot dans *Le maître ignorant* est de ce point de vue éclairante ; nous allons la suivre avant de tenter un recul critique.

1. Émancipation et pédagogie

À l'occasion d'un cours de français dispensé à des étudiants flamands, Joseph Jacotot s'aperçoit que ceux-ci peuvent apprendre seuls à partir d'un livre bilingue (le *Télémaque* de Fénelon), et s'approprier une langue nouvelle au point de pouvoir s'exprimer oralement et par écrit sans jamais avoir eu de cours formels. Cela le conduit à une première mise en cause : celle de la « logique de l'explication », qui fonde toute démarche d'enseignement. Elle consiste à partir des premiers principes pour suivre une progression ordonnée.

Cette logique donne tout le pouvoir au « maître explicateur », supposé savant alors que les élèves sont ignorants. On est bien ici dans la perspective binaire de la stratégie rationaliste : émanciper, c'est faire passer de l'ignorance au savoir, de l'illusion à la vérité, de l'opinion à la science, du préjugé à la connaissance, etc. « Expliquer quelque chose à quelqu'un, c'est d'abord lui démontrer qu'il ne peut pas comprendre par lui-même. Avant d'être l'acte du pédagogue, l'explication est le mythe de la pédagogie, la parabole d'un monde divisé en esprits savants et esprits ignorants, esprits mûrs et immatures, capables et incapables, intelligents et bêtes. »[91]

La démarche émancipatrice que Jacotot invente dissocie au contraire l'intelligence de la volonté. Elle construit une situation qui s'impose à l'élève et le contraint à utiliser seul son intelligence ; elle *l'oblige* à l'autonomie. L'action du maître émanci-

91. J. Rancière, *Le maître ignorant*, Fayard, 1987, p. 15-16.

pateur ne porte plus prioritairement, comme dans la démarche mimétique de l'instruction, sur l'entendement de l'élève, pour lui faciliter la compréhension, le guider pas à pas des premiers éléments aux savoirs plus complexes. Elle porte sur sa volonté, afin de le conduire à exercer son intelligence et à acquérir les capacités qu'il possède déjà virtuellement.

Dans le premier cas, une intelligence est subordonnée à une autre intelligence ; dans le second cas, l'intelligence de l'élève n'obéit qu'à elle-même, alors que sa volonté obéit à une autre volonté, parce que la sienne peut ne pas être assez forte pour s'exercer seule dans le sens d'un exercice autonome de son intelligence. « On appellera *émancipation* la différence connue et maintenue des deux rapports, l'acte d'une intelligence qui n'obéit qu'à elle-même lors même que la volonté obéit à une autre volonté. »[92]

Cette manière d'apprendre existe partout et depuis toujours : c'est celle de l'enfant qui apprend à marcher ou à parler, de l'adolescent qui découvre l'amour, des adultes confrontés à une difficulté inédite les contraignant à inventer de nouvelles solutions. Mais dans les systèmes d'enseignement, ceux qui prétendent « instruire le peuple » pour le

92. *Ibid.*, p. 26.

libérer de ses sujétions la délaissent au profit des méthodes explicatives.

Ce que Jacotot appelle « l'enseignement universel », pour indiquer cet emploi commun à de nombreuses situations éducatives, repose sur la prise de conscience de l'égalité naturelle de toutes les intelligences. Il y a inégalité dans les manifestations de l'intelligence ; mais il n'y a pas de hiérarchie des capacités intellectuelles. La même intelligence s'exerce chez l'ouvrier qui « bricole » une motocyclette et le savant qui démontre une nouvelle théorie.

L'émancipation est la conscience de cette égalité. « Ce qui abrutit le peuple, ce n'est pas le défaut d'instruction, mais la croyance en l'infériorité de son intelligence ». De ce point de vue, l'art s'oppose à l'enseignement : l'œuvre d'art tend à être offerte à tous, disponible pour tous, lisible par tous immédiatement et spontanément (une statue ou une musique jouée dans la rue, un tableau dans un musée gratuit, etc.) tandis que l'instruction est dispensée dans des institutions où, sauf pour la scolarité obligatoire, on n'entre que sur examens et après des sélections rigoureuses.

La domination sociale, qui engendre la domination intellectuelle, est fondée sur la distraction et la paresse : on ne fait pas attention à ce qu'on est capable de comprendre et de faire ; il est plus commode de se déclarer d'emblée incompétent. Il y a une « passion de l'inégalité » qui est une fuite de l'égalité, de l'effort qu'elle impose, de la rigueur qu'elle exige, de l'attention qu'elle requiert. **Ce qu'il faut émanciper, ce ne sont pas d'abord les intelligences, mais les volontés.**

Par là Jacotot – et à sa suite Rancière – rejoignent paradoxalement La Boétie et sa théorie de la servitude volontaire. On est toujours dominé parce qu'on y consent, même si ce consentement est inconscient et refoulé. Alors que l'égalité implique solidairement l'estime de soi et l'estime des autres, l'inégalité en revanche conduit au mépris de soi et des autres, ou plutôt elle provient de ce mépris. C'est une défaillance morale avant d'être un phénomène social, politique ou économique.

Comme La Boétie, Rancière relève la démultiplication de la domination à travers ce qu'on pourrait appeler une « cascade inégalitaire » : « Qu'est-ce qui permet au penseur de mépriser l'intelligence de l'ouvrier sinon le mépris de l'ouvrier pour le paysan, du paysan pour sa femme, de sa femme pour la femme du voisin, et ainsi à l'infini ? »[93] On le voit, le travail d'émancipation est toujours multiple et complexe : il ne s'agit pas simplement d'émanciper, comme chez Condorcet, « le peuple » de l'aristocratie, ou comme chez Marx, le prolétariat de la bourgeoisie, pour que tout soit résolu. L'oppression est aussi à l'intérieur des opprimés,

93. *Ibid.*, p. 145.

de par ces dominations secondaires que constituent la domination des hommes sur les femmes, celle des *insiders* (titulaires ou détenteurs de CDI) sur les *outsiders* (jeunes, chômeurs, non-diplômés), celle des adultes sur les enfants, celle des Français « de souche » sur les immigrés, etc.

De cette complexité Rancière conclut avec Jacotot « qu'il ne peut y avoir de parti des émancipés, d'assemblée ou de société émancipée. Mais tout homme peut toujours, à tout instant, s'émanciper et en émanciper un autre. » [94] L'utopie d'une société libre, où tous les hommes vivraient émancipés de toute domination, n'est pas seulement illusoire, elle est contradictoire : car « une société, un peuple, un État seront toujours déraisonnables ». Toute institution, toute organisation, par cela même qu'elle instaure des règles, des hiérarchies, des ordres, est inégalitaire par essence. Elle repose sur la domination et la perpétue, même si elle se prétend « progressiste », voire « révolutionnaire ». L'école n'est pas « libératrice », contrairement à ce que croyait Condorcet, et à sa suite Jules Ferry et les instituteurs de la IIIe République. Mais pas davantage le parti, contrairement à ce que croyaient Lénine et Mao Tse Toung. **L'émancipation ne peut être qu'un rapport d'hommes à hommes :** « Seul un homme peut émanciper un homme ».

94. *Ibid.*, p. 165.

L'émancipation se trouve ainsi dissociée des notions de révolte, contestation, résistance, auxquelles elle était intimement liée jusque-là. Certes, s'émanciper suppose, à un moment ou un autre, d'entrer en conflit avec les forces dominatrices qui veulent faire le bien des gens à leur place. Jacotot lui-même en a été victime. Mais « un émancipé peut entendre sans trouble que l'ordre social est tout de convention et obéir scrupuleusement à des supérieurs qu'il sait être ses égaux. Il sait ce qu'il peut attendre de l'ordre social et n'y fera pas grand remue-ménage. »[95] Ce n'est pas là de l'hypocrisie et encore moins de l'arrivisme ; c'est une lucidité qui est peut-être en fin de compte plus subversive que tous les partis ou mouvements dits « progressistes ».

À travers cette réflexion sur Jacotot se dessine une critique assez vive de ce que l'on appelle depuis un siècle « l'éducation populaire ». Les mouvements et associations qui se réclament de cette appellation veulent « arracher les esprits à la vieille routine, à l'emprise des prêtres et des *obscurants* de tout genre » : patrons, médias, démagogues, etc. Pour cela, il faut des professionnels formés, « des méthodes et des explications rationnelles », des démarches testées et comparées. « Il faut surtout éviter les improvisations des incompétents, ne pas laisser à des esprits formés par le hasard ou la rou-

95. *Ibid.*, p. 180.

tine, ignorants des explications perfectionnées et des méthodes progressives, la possibilité d'ouvrir école et d'y enseigner n'importe quoi n'importe comment. »[96] Après Jacotot et contre lui, l'émancipation s'identifie à l'instruction. La cause de l'égalité se transforme en cause du progrès social : c'est « l'égalité représentée, socialisée, inégalisée, bonne pour être perfectionnée. »[97] Pour émanciper le peuple il faut, dit-on, une avant-garde, que ce soit les « hussards de la République » ou les « militants de la cause révolutionnaire » ; pour lutter contre l'inégalité il faut en créer une nouvelle. C'est ce paradoxe que la stratégie libertaire dénonce.

Mais que propose-t-elle à la place ? Dans un autre ouvrage, Jacques Rancière montre que le mouvement ouvrier français, au lendemain de la révolution de 1830, a développé une conception différente de l'émancipation comme « vérification de l'égalité ». Dans les journaux et brochures qui fleurissent à cette époque, la préoccupation majeure est de confronter les textes légaux – la Charte qui vient d'être promulguée, les lois sur le travail, etc. – avec la réalité des pratiques dans les usines et dans les rues. Il ne s'agit pas seulement de relever leur décalage et de dénoncer, comme le fera plus tard la sociologie critique de Bourdieu, la mysti-

96. *Ibid.*, p. 200.

97. *Ibid.*, p. 200.

fication qu'ils constituent. Il s'agit aussi « d'une nouvelle pratique de la grève où l'on cherche à transformer le rapport de forces en rapport de raison. »[98] À côté du rapport de dépendance économique qui engendre un « social de l'inégalité » (hiérarchies professionnelles, imposition des fonctions et de cadences, etc.) on tente de faire émerger « un autre social, un social de l'égalité », qui passe par l'imposition de la négociation dans les mœurs, mais aussi « certaines règles de politesse chez les maîtres ou le droit pour les ouvriers de lire le journal à l'atelier ». La grève n'est plus seulement un combat, mais aussi une démonstration. Elle passe par un argumentaire serré et détaillé pour prouver la justesse des tarifs proposés, la déraison des objections adverses, la création d'ateliers gérés par les travailleurs pour montrer à tous, et d'abord à eux-mêmes, leur capacité à le faire.

Dans cette optique « s'émanciper, ce n'est pas faire sécession, c'est s'affirmer comme co-partageant d'un monde commun, présupposer, même si les apparences sont contraires, qu'on peut jouer le même jeu que l'adversaire. »[99] On retrouve ici le postulat de Jacotot : « Poser l'égalité des intelligences comme condition commune d'intelligibilité et de

98. J. Rancière, *Aux bords du politique,* Folio Essais, 1998, p. 88.

99. *Ibid.,* p. 91.

communauté, comme présupposition que chacun doit s'efforcer de vérifier pour son compte. »[100]

Peut-être certaines pratiques récentes liées à la crise expriment-elles aujourd'hui cette préoccupation émancipatrice. Ainsi par exemple les séquestrations de dirigeants et de cadres ont souvent été présentées comme un moyen de lutte, voire de chantage, pour instaurer un rapport de forces dans un contexte qui était globalement défavorable aux travailleurs. Mais est-ce ainsi qu'elles étaient vécues par ces derniers ? Les propos des ouvriers interrogés dans le reportage paru dans *Le Monde*[101] apportent à cet égard un éclairage précieux. « On ne les a pas séquestrés, mais retenus. On est toujours resté zen, ils pouvaient sortir fumer, prendre le café, ils ont eu à manger, des croissants le matin, mais pas question de sortir du site », dit un délégué syndical CFDT. On voit bien qu'il ne s'agit pas ici d'exercer sur les dirigeants une pression physique qui pourrait s'apparenter à une forme de torture, au moins psychique (violences verbales, menaces, privations physiques de sommeil ou de nourriture, etc.) et donc s'avérer moralement injustifiable. **Il s'agit d'abord de faire vivre aux dirigeants la solidarité objective qui devrait être celle de tous les acteurs d'une entreprise,** solidarité évidente

100. *Ibid.*, p. 95.

101. *Le Monde,* 11 avril 2009.

pour les ouvriers, mais à laquelle les dirigeants se dérobent. On ne conteste pas leur statut ni leur fonction de dirigeants, ni même le mode de vie lié à des rémunérations nettement supérieures à celles des ouvriers. On leur apporte « des croissants le matin », ce qui n'est certainement pas le petit déjeuner habituel de la majorité des ouvriers. Mais on veut qu'ils reconnaissent que dirigeants et ouvriers, patrons et smicards, sont « dans le même bateau », participent à un même projet qui implique des devoirs et un engagement valant pour tous et pour chacun, quelle que soit sa place dans la hiérarchie.

D'autres propos confirment ce sentiment. « On savait qu'il fallait les forcer à réfléchir, sur notre lieu de travail, quand ils ne sont pas dans leur petit confort », explique un ouvrier. Apparaît ainsi ce qu'on pourrait appeler la *visée éducative* des séquestrations : on ne les pratique pas seulement parce que « ça marche », parce qu'elles sont efficaces. Par-delà cette efficacité immédiate (« ils ont lâché »), **le but est de « faire réfléchir »,** de provoquer une évolution chez l'autre, une prise de conscience des liens, de la solidarité qu'implique la communauté d'entreprise.

Il n'est pas sans ironie de rappeler que naguère, ce sont les dirigeants qui cherchaient à développer une « citoyenneté d'entreprise » pour créer un esprit commun et développer la motivation des salariés. Comment pourraient-ils se plaindre aujourd'hui du succès de leurs efforts et s'étonner de ce que les salariés les rappellent désormais aux implications de cette notion ? Peut-on défendre la « citoyenneté d'entreprise » pour les salariés et s'excepter soi-même, comme dirigeant, de cette citoyenneté ? De ce point de vue, le phénomène des séquestrations n'est qu'un « effet boomerang » des campagnes patronales et du management qu'elles ont pratiqué depuis les années 1980. Elles manifestent **une exigence de cohérence** là où les dirigeants seraient tentés par un double discours, une double morale (citoyenneté pour les autres, utilitarisme et individualisme pour eux).

À côté de la morale classique fondée sur le respect des droits et des devoirs, ces pratiques nous conduisent à discerner **l'émergence d'une autre éthique.** Il s'agit d'une « éthique pédagogique », par laquelle chacun se rapporte aux autres sur le mode **d'une responsabilité éducative, d'un rappel des impératifs de convivialité qui fondent l'appartenance à un collectif** – entreprise, quartier, village ou ville, nation. Ceux-ci impliquent un partage minimal de conditions de vie communes, ce qui exclut d'employer seulement la contrainte envers ceux qui seraient tentés de se retrancher dans « leur petit confort ». Il faut les rallier à la conscience d'égalité en leur faisant vivre des expériences qui vont dans ce sens. L'émancipation ne s'accomplit plus seulement par la satisfaction de revendications salariales ou sociales (horaires et conditions de travail, durée des congés, etc.), mais aussi par la conscience d'une solidarité se traduisant concrètement dans les rapports quotidiens, les formes du langage, les manières de vivre, de s'habiller, de s'alimenter, de se distraire, etc.

La participation paritaire des salariés aux conseils d'administration des entreprises (« cogestion » à l'allemande) serait alors un pas de plus en ce sens : elle supposerait que les travailleurs ne soient pas condamnés à travailler pendant que les dirigeants dirigent et que les gestionnaires gèrent – mais qu'ils sont capables, *à égalité* avec les actionnaires, de comprendre les enjeux de la situation économique et les intérêts de l'entreprise.

Un siècle après Jacotot, un autre acteur de l'émancipation, dans un contexte très différent, tentera de préciser cette conception et de formaliser la stratégie qu'elle implique.

2. L'émancipation comme « conscientisation » : Paulo Freire

Avant même la sociologie critique, Paulo Freire fait de l'émancipation une exigence qui concerne non seulement les opprimés, mais aussi leurs oppresseurs. Ceux-ci sont tout autant aliénés que ceux qu'ils dominent. Ils sont prisonniers d'une appréhension réifiée du monde : tout se réduit à des biens qu'il faut posséder pour être. Ils sont crispés sur leurs possessions comme les opprimés sur leurs besoins vitaux, que leur misère ne permet pas de satisfaire. Dans l'un et l'autre cas ce qui est manqué, c'est l'humanité de l'homme comme relation, communication, dialogue, dépassement de soi.

La déshumanisation concerne aussi bien les riches que les pauvres, les possédants que les miséreux. Mais seuls les seconds peuvent s'en libérer, parce que la pauvreté dans laquelle ils sont maintenus est pour eux une menace permanente de mort contre laquelle ils doivent lutter ; tandis que celui qui vit dans l'aisance ne cherche qu'à maintenir cet état et non à le transformer.

Les opprimés doivent donc « se libérer eux-mêmes et libérer leurs oppresseurs. »[102] Mais eux aussi sont divisés : prolongeant une réflexion dont nous avons vu qu'elle remonte à La Boétie, Freire observe que les opprimés « accueillent en eux l'oppresseur ». Le sentiment de leur incapacité, voire de leur culpabilité, la « crainte de la liberté » les paralysent et les maintiennent dans leur « servitude volontaire ». « La conscience dominée est dualiste, ambiguë, remplie de craintes et de méfiances ».

Il faut que « le *moi* opprimé brise cette sorte d'adhérence au *toi* oppresseur, en s'éloignant de lui pour

---

102. P. Freire, *Pédagogie des opprimés*, Maspero, 1974, p. 21.

l'objectiver. »[103] Ici encore ce ne sera pas par le biais de l'instruction, que Freire nomme « éducation systématique ». Celle-ci se caractérise par une conception « bancaire », où « le savoir est une donation de ceux qui jugent qu'ils savent à ceux qu'ils jugent ignorants »[104]. Elle considère que les opprimés n'ont aucun savoir propre : la misère les maintient dans un dénuement non seulement matériel mais intellectuel. Le rôle de l'éducateur « progressiste » est de leur apporter ce qui leur manque. Or c'est là précisément l'arme de la domination : faire croire aux dominés qu'ils sont incapables de quoi que ce soit d'autre que travailler de leurs mains. On retrouve ici le déni d'intelligence analysé par Rancière.

C'est pourquoi « l'éducation qui s'impose à ceux qui s'engagent pour la libération ne peut se fonder sur une conception des hommes comme des êtres « vides » que le monde emplit de connaissances. »[105] Sa maxime ne peut être que la suivante : « Personne n'éduque autrui, personne ne s'éduque seul, les hommes s'éduquent ensemble par l'intermédiaire du monde ».

Freire appelle cette éducation « dialogique » ou « conscientisante ». Il s'agit d'une éducation qui ne nie pas la différence entre l'éducateur et l'éduqué :

---

103. *Ibid.*, p. 146.

104. *Ibid.*, p. 51.

105. *Ibid.*, p. 61.

le militant, l'enseignant, l'expert ont des connaissances que les paysans pauvres du Nordeste brésilien n'ont pas. Mais ceux-ci ont une connaissance de leur propre situation, des techniques ancestrales transmises de génération en génération, des astuces inventées pour alléger le poids de la misère et de l'oppression, que ceux-là ignorent. Il faut que les uns et les autres dialoguent, non pas seulement pour échanger leurs connaissances, mais pour les confronter, les critiquer l'une par l'autre. Ils aboutiront ainsi à des savoirs de niveau supérieur qui auront une vertu émancipatrice, parce qu'ils permettront de **transformer la réalité matérielle et sociale.**

Freire distingue *plusieurs étapes* dans ce processus. Tout commence par **des *échanges verbaux* conduisant à dégager des « thèmes générateurs ».** On cherche à repérer ensemble les questions qui préoccupent les habitants d'une zone rurale ou urbaine : de quoi parlent-ils ensemble ? À quoi attachent-ils de l'importance ? Qu'est-ce qui caractérise leur vision du monde, de leur pays, de leur région ?

À partir de cette première étape seront dégagées progressivement des *« situations-limites »*. On tente de préciser ce qu'on pourrait appeler « les frontières de l'inédit » : quels sont les points, les aspects de la réalité environnante sur lesquels ils appréhendent des possibilités de changement, si floues et vagues soient-elles ? Il ne s'agit pas de rêver une société idéale, un paradis utopique qui n'intéresse personne tant il est irréaliste – mais plutôt de **repérer des failles dans la solidité apparemment implacable des choses.** « On pourrait faire autrement » – même si on ne sait pas très bien quoi ni comment : telle est la phrase qui permet d'esquisser un premier ébranlement de la domination des choses et des maîtres. Par exemple : avoir un petit lopin de terre à soi, même modeste ; vendre ses légumes au marché et pas seulement au propriétaire ; creuser un puits qui éviterait d'aller chercher l'eau très loin, etc.

Une troisième étape consiste à relier entre elles ces failles, ces fractures, ces points d'échappement. On s'efforce alors de « se concentrer sur la compréhension de la totalité » et **de développer une « prise de conscience des problèmes,** des liens qui existent entre eux, de leurs rapports avec l'environnement historico-culturel. »[106] Les hommes ne perçoivent plus leur monde comme un agrégat massivement et indistinctement pesant ; ils commencent à y **discerner des relations, des implications, des réseaux de causes et d'effets.** Par exemple, le lien entre la structure de la propriété, les rendements agricoles et le revenu qu'ils en tirent ; ou entre leur enclavement, leur dénuement et l'absence de poids politique de la collectivité qu'ils forment.

Dans ce processus, « de l'état d'*immersion* où ils étaient, ils *émergent,* devenant capables de s'insérer

106. *Ibid.*, p. 95.

dans la réalité qui se dévoile. »[107] Peu à peu on accède à une quatrième étape : celle de la *problématisation* où sont clairement posées les **urgences prioritaires et les actions qui permettraient d'y remédier.**

La cinquième et dernière étape consiste à **passer de la problématisation à l'action :** « l'inédit possible se concrétise dans une action à réaliser dont la viabilité n'était pas apparue auparavant. »[108] L'éducateur s'efface derrière le collectif qui se constitue pour la réaliser ; ou bien il en prend la tête, mais en ce cas le rôle de *leader* qu'il assume ne consiste pas à diriger les masses comme un chef dirige une troupe. Car les *leaders* « ne sont pas propriétaires des masses populaires ». Ils ne doivent pas chercher à conquérir les masses, fût-ce par la démagogie, mais « dialoguer » avec elles afin d'obtenir une adhésion libre et éclairée. « L'adhésion véritable est la libre convergence des options » : le *leader* ne cesse de soumettre ses options au peuple et de se mettre à l'écoute de ses désirs, de ses doutes, de ses espérances.

On peut juger idéaliste, voire naïve, cette conception « dialogique » de la politique. Le fait est que l'évolution des pays de l'Amérique latine depuis l'époque de Paulo Freire ne lui donne pas tellement raison... L'échec des tentatives de guérilla populaire initiées par des militants comme Che Guevara,

107. *Ibid.*, p. 97.

108. *Ibid.*, p. 102.

le triomphe de dictatures comme celle de Pinochet au Chili et de Videla en Argentine, montrent que les révoltes ne débouchent pas forcément sur des transformations durables. En définitive, la victoire de la démocratie sera plutôt le fait des classes moyennes, de la « bourgeoisie éclairée ». Pourtant, la théorie de la conscientisation a incontestablement joué un rôle important dans le développement des sociétés sud-américaines. Elle exprime l'idée d'une stratégie d'émancipation qui place l'égalité au début ou au départ du processus d'émancipation, et non à son terme, comme un idéal ou une fin visée. Le paradoxe de l'émancipation est qu'elle postule comme *déjà là* ce qu'elle présente aussi comme un but : si l'opprimé n'est qu'un opprimé, il ne sera jamais libéré. Elle repose sur un « postulat d'éducabilité » qui exige d'être vérifié non pas un jour, dans un avenir plus ou moins radieux, mais tout de suite, dès à présent.

En ce sens, on peut appeler « réaliste » le modèle qu'elle propose : elle veut se situer non dans un avenir plus ou moins lointain, mais dans l'immédiateté de la réalité actuelle. On est, comme dit Rancière, dans une démarche de *vérification* de l'égalité (ce qui suppose qu'elle soit effective d'emblée) et non d'accomplissement ou de réalisation progressive.

Cette contradiction sera approfondie par la dernière stratégie que nous allons maintenant examiner, et qu'on pourrait appeler « constructiviste ».

La stratégie constructiviste (modèle analogique)

Nous avons vu que l'évolution du concept d'émancipation – de sa signification philosophique avec les Lumières, qui l'associent à la faiblesse de la volonté ou à l'ignorance, jusqu'à la sociologie critique, qui montre qu'elle est liée à des mécanismes d'inculcation beaucoup plus profonds et complexes – n'était pas sans incidence sur les stratégies politiques ou éducatives qu'elle suscite. Mais inversement, la mise en œuvre de ces stratégies conduit à remanier le concept. L'aliénation aujourd'hui ne peut plus être considérée comme un phénomène massif et global, qu'un « grand soir », qu'il soit politique ou pédagogique, suffirait à éradiquer. Elle devient complexe, multiple, et oblige à se référer simultanément à la psychanalyse (sentiment de culpabilité ou d'impuissance), aux sciences cognitives (échec scolaire, difficultés de compréhension et de mémorisation), aux sciences sociales (notions d'habitus, de domination, d'institution, etc.) et bien entendu aux sciences politiques et juridiques.

*De l'*empowerment *à l'alphabétisation sociale*

C'est pourquoi de nouvelles notions émergent, comme celle d'*empowerment* (notion abordée p. 11 et 66), développée aux États-Unis. Elle est née dans un contexte de lutte – féministe d'abord, puis lors du combat pour les droits civiques des Noirs. Elle est ensuite exportée dans le champ des politiques de lutte contre la pauvreté, notamment le *community organizing* initié par Saul Alinski dans les années 1930 à Chicago, et repris plus récemment dans les quartiers défavorisés de plusieurs villes des États-Unis.

Dans tous les cas il s'agit de chercher, non pas une libération globale qui impliquerait un bouleversement politique très improbable, mais des prises de pouvoir localisées et focalisées sur des points précis liés à la vie des habitants : problèmes de logement, de prestations sociales, d'emploi, de reconnaissance des droits, etc.

La méthode, on le voit, est proche de la « conscientisation » de Paulo Freire, et d'ailleurs elles sont plus ou moins contemporaines. En France, la notion de « puissance sociale », développée notamment par Christian Maurel[109], est la traduction du concept d'*empowerment*. On peut la caractériser par un certain nombre de capacités qui sont à la fois les objectifs et les critères d'un processus émancipateur :

« – une conscience de sa « condition humaine » (donc au-delà de sa condition sociale, de classe) ;

109. Cf. Ch. Maurel, *Éducation populaire et puissance d'agir – Les processus culturels de l'émancipation*, L'Harmattan, 2010.

– la possibilité pour le sujet de se situer dans le monde dans lequel il vit (et d'y percevoir une raison de vivre) ;

– l'accès à une certaine compréhension de sa situation personnelle et de classe ;

– la conscience qu'au moins potentiellement il est possible d'agir sur son environnement, même modestement, individuellement et collectivement, et ainsi participer à sa mesure à la transformation sociale. »[110]

Il s'agit de « sortir, aussi modestement que cela soit, de la place qui nous a été assignée par les rapports sociaux, le genre, les accidents de la vie, le handicap, quelquefois notre culture d'origine ». L'émancipation, entendue comme *empowerment* ou puissance sociale, est un **processus d'autorisation** et se manifeste par une plus grande capacité d'agir. Il s'agit d'opposer au « pouvoir sur » du dominant un « pouvoir de » du dominé.

Le concept de puissance sociale, comme son homologue américain, reste néanmoins assez abstrait. Il se définit comme un certain degré de « conscience » et de « compréhension » du monde et de la place qu'on y occupe. Comment faire acquérir ces capacités autrement qu'en présupposant leur exercice ? La stra-

110. Olivier Douard et Virginie Poujol, *De la puissance sociale à l'émancipation*, Texte préparatoire au séminaire « Émancipation », LERIS, 2012.

tégie libertaire, on l'a vu, est « réaliste » en ce sens qu'elle projette immédiatement les opprimés dans le réel ; elle les invite à agir, à la fois pour attester aux yeux des autres et pour se prouver à soi-même qu'on les possède. Ce « cercle égalitaire » (il faut présupposer l'égalité comme déjà là pour la faire advenir là où elle n'est pas encore) constitue un pari qui peut réussir, mais aussi échouer : on en a vu maints exemples.

C'est pourquoi une autre stratégie émancipatrice est envisageable. Sans revenir à l'instruction dont on a vu les limites, elle vise à permettre aux opprimés d'acquérir des capacités sans s'exposer immédiatement aux périls et aux duretés du réel. On pourrait l'appeler *alphabétisation sociale,* par analogie avec les campagnes d'alphabétisation lancées dans les années 1960 pour enseigner massivement la lecture et l'écriture. L'idée est **qu'il existe un « analphabétisme social » analogue à l'analphabétisme langagier** que l'école de Jules Ferry a cherché – et réussi – à éradiquer. Cet analphabétisme social ne concerne pas seulement les classes populaires, mais aussi les classes dominantes. L'incapacité à travailler en groupe, à animer une équipe, à développer des procédures de concertation, à déléguer ses responsabilités, à conduire un projet, à prendre en compte des exigences éthiques ; les conduites de harcèlement, les évaluations inappropriées, génératrices de stress et de rancœur, l'absence d'empathie dans le management ne sont pas seulement inefficaces et contre-productives : elles témoignent d'une *inculture sociale* à laquelle il est nécessaire de remédier.

Freinet : « l'école du peuple » comme paradigme émancipateur ?

Ici encore, une pédagogie élaborée pour l'éducation initiale des enfants peut inspirer une stratégie d'émancipation valable bien au-delà du cadre scolaire. Célestin Freinet, jeune instituteur nommé dans une petite école rurale de Provence, a lu les pédagogues qui marquaient l'émergence du courant de « l'éducation nouvelle » : Decroly, Ferrière, Montessori entre autres. Mais il a lu également Marx et Lénine. Il y a dans sa pensée pédagogique une dimension politique qui ne disparaîtra jamais. Sa réflexion renvoie à un projet explicite d'émancipation, fondé sur une certaine conception des rapports entre l'école et la société ; et celle-ci à son tour s'appuie sur une vision de l'histoire.

Un article de 1924, publié dans *Clarté* (journal communiste) quatre ans après ses débuts d'instituteur, précise sa conception[111]. Cet article, intitulé : « Vers l'école du prolétariat : la dernière étape de l'école capitaliste », développe plusieurs thèses :

111. Article reproduit dans Collectif, *Pédagogie : éducation ou mise en condition ?* Maspero, 1971, p. 138.

1. L'école actuelle est une école capitaliste, adaptée aux seuls besoins de l'économie et de la société capitalistes. Elle ne constitue qu'une étape dans l'évolution de l'École, en correspondance avec une certaine phase historique de l'évolution économique : le capitalisme.

2. L'école actuelle satisfait aux besoins de la société capitaliste en formant des individus réduits à leur seule fonction économique, c'est-à-dire dotés des connaissances scientifiques et techniques nécessaires à leur insertion dans le procès de production capitaliste. D'où l'opposition[112] entre la « science de la formation de l'homme » et « l'acquisition de la plus grande quantité possible de savoir. »

D'emblée, le débat se joue autour d'une alternative tranchée entre une conception « épistémique » de l'école, axée sur l'acquisition de connaissances et de savoir-faire professionnels, destinée à perpétuer la domination d'une classe sur les autres - et une conception « anthropologique », axée sur la formation et le développement concret de sujets humains, ayant une visée émancipatrice.

Il y a donc une double équation, en forme d'analogie, qui serait la suivante :

> École capitaliste = Domination = Méthodes traditionnelles, primat du savoir

112. Cf. *op. cit.*, p. 141.

École du peuple = Émancipation = Méthodes nouvelles, primat de la formation

3. L'école actuelle est entrée en « décadence », d'où une contradiction entre l'école et la société. Elle ne répond plus aux besoins sociaux actuels. De ce point de vue, toute novation pédagogique apparaît comme nécessairement émancipatrice, puisque l'école capitaliste est pour ainsi dire « d'un seul bloc », absolument incapable de transformer ses formes d'inculcation (mémoire, verbalisme, etc.). Dès qu'on sort de ces formes, on sort nécessairement aussi des formes capitalistes de reproduction et d'inculcation, même si l'on n'en a pas conscience.

Mais du fait même de cette correspondance, la transformation radicale de l'école au sein du système capitaliste est impossible. Les luttes pédagogiques, au sein de l'école, entre « traditionalistes » et « novateurs » sont à la fois une partie et un symbole des luttes sociales entre conservateurs et révolutionnaires. Depuis la guerre 1914-1918, on peut dire que la lutte de la classe populaire pour *son* école (« pour l'adaptation à ses besoins spécifiques de l'éducation de ses enfants »[113]) a déjà commencé.

Cette problématique pose une question fondamentale pour la stratégie d'émancipation. Celle-ci vise à former un citoyen capable, non seulement de s'in-

113. C. Freinet, *Pour l'école du peuple,* Maspero, 1969, p. 13.

tégrer à la société existante, mais aussi de la transformer. Est-il possible de former un tel citoyen si la pédagogie n'est pas capable, peu ou prou, de « passer par-dessus son temps » et d'anticiper sur une société qui n'existe pas encore ? *A contrario,* les méthodes éducatives apparemment les plus novatrices ne sont-elles pas d'avance et inconsciemment au service d'un meilleur ajustement aux besoins de l'économie et du système social actuel, donc de la domination ? De tels exemples de récupération ne manquent pas. L'innovation pédagogique ne correspond pas nécessairement à une innovation sociale ; toute éducation émancipatrice, quelles que soient ses (bonnes) intentions et sa volonté réformatrice, sinon révolutionnaire, doit toujours s'interroger sur le décalage susceptible d'exister entre ses desseins et ses effets objectifs, entre le projet qui l'anime et ses résultats à long terme.

Émancipation du travail, émancipation par le travail

Alors qu'on s'attendrait à ce qu'une pédagogie qui se veut en rupture avec le capitalisme productiviste valorise le jeu, l'expression artistique, les activités conviviales, l'étude désintéressée, Freinet va au contraire axer toute sa conception de l'école sur le travail. Ce privilège dérive du postulat d'analogie qui fonde son discours : puisque la société « réelle » repose sur le primat du travail, il faut que l'école soit également fondée sur ce primat. Et *de même que* l'idéologie bourgeoise consiste à refouler la valeur du travail derrière ses produits et ses signes (fétichisme de la monnaie et de la marchandise), alors que la pratique révolutionnaire lui restitue sa place centrale, *de même* l'école capitaliste dissimule et réprime le travail à l'école, alors que la pédagogie émancipatrice doit le restaurer partout.

« Le travail sera le grand principe, le moteur et la philosophie de la pédagogie populaire, l'activité d'où découlent toutes les acquisitions »[114]. On le voit, ce n'est pas d'abord une contestation psychologique, une conception divergente de la nature enfantine qui conduit Freinet à critiquer les pédagogies du jeu ou de l'étude « scolastique ». C'est le postulat d'analogie qui exige que l'éducation transpose, dans l'ordre scolaire, ce qui structure la réalité sociale.

Mais le travail émancipateur n'est évidemment pas le travail aliéné de la société capitaliste. Et pareillement, le travail que prône Freinet pour l'école n'a rien à voir avec le travail scolaire de l'école traditionnelle. Le travail est « l'activité par laquelle l'individu satisfait ses grands besoins physiologiques et psychiques afin d'acquérir la puissance qui lui est indispensable pour accomplir sa destinée. »[115] Cet accent mis sur le *besoin* et la *puissance* rejoint

114. *Ibid.*, p. 20.

115. *Ibid.*, p. 33.

les notions d'*empowerment* ou de « puissance sociale » dont nous avons vu l'importance dans la conception moderne de l'émancipation.

La définition vaut simultanément à tous les niveaux de la réalité, depuis celui de la société globale jusqu'à celui de l'école ; depuis l'effort collectif des hommes à travers les générations jusqu'à l'activité individuelle de l'enfant prenant possession de son milieu. « Nous organiserons la lente maîtrise du milieu par le travail, qui a toujours une fin sociale. »[116] La pédagogie devra développer « ce besoin sans cesse accru de mieux connaître pour mieux dominer son propre travail, pour donner aux outils le rendement maximum *au service de la puissance individuelle, liée à la puissance de la communauté.* »[117]

Matérialisme pédagogique et émancipation

C'est ce primat du travail devenu émancipateur qui va fonder ce qu'on a appelé le « matérialisme pédagogique » de Freinet. L'idée centrale est **que le travail est libérateur** s'il s'inscrit dans un contexte où les activités ont un sens et où les efforts sont inspirés par une motivation véritable. Il ne se réduit pas à la simple nécessité de gagner sa vie ou de réussir un examen, mais satisfait un éventail de besoins beaucoup plus large.

---

116. *Ibid.*, p. 35.

117. *Ibid.*, p. 64 ; c'est nous qui soulignons.

Pour cela, Freinet élabore progressivement un réseau de « techniques » qui n'est pas simplement un agencement de moyens en vue de produire un bien au meilleur coût, comme dans le travail industriel. Chacune d'elles répond à un besoin spécifique, mais en même temps renvoie aux autres comme à son prolongement ou son implication. Ainsi le texte libre, première invention de Freinet, vise d'abord à faciliter l'apprentissage de la lecture et de l'écriture en partant de textes écrits par les enfants eux-mêmes. Il répond au besoin de raconter ce qu'il a vécu, de le faire partager à d'autres. Mais dans la vie réelle, on écrit toujours pour être lu par d'autres : c'est pourquoi Freinet est très vite conduit à chercher des destinataires pour ces textes rédigés par les élèves.

D'où l'invention de la correspondance scolaire, qui donne à chaque élève un « correspondant » à qui écrire. Simultanément le journal scolaire imprimé permet à la classe de faire connaître au dehors, et notamment aux adultes, ce qu'ils ont à dire d'important, exactement comme dans la vie réelle le journal permet d'être informé des nouvelles. Le « quoi de neuf ? » offre aux enfants l'occasion de nourrir la production des textes par le partage des événements vécus à la maison ou ailleurs.

À son tour, la correspondance scolaire découvre de nouveaux besoins. Les correspondants posent des questions auxquelles il faut répondre. C'est l'objet des enquêtes de milieu : les enfants sortent de la classe pour explorer leur environnement et satisfaire la curiosité de leurs camarades lointains – ou la leur propre. Ils peuvent aussi se livrer à des expérimentations scientifiques pour répondre aux questions qui les préoccupent en élaborant des hypothèses et en les mettant à l'épreuve.

Toutes ces activités d'investigation nécessitent de lire des documents, déchiffrer des notices, rechercher des informations là où elles sont. Se développe ainsi une « méthode naturelle » d'apprentissage de la lecture et de l'écriture, qui laisse de côté les manuels fabriqués exprès pour cela et s'alimente aux textes de la vie réelle. Il faut aussi compléter ses connaissances, dont on éprouve les lacunes : la « bibliothèque de travail », collection de brochures résultant de la collaboration de milliers de classes, permet de constituer peu à peu une sorte d'encyclopédie auto-alimentée par le travail de générations d'élèves. Il en va de même des « fichiers autocorrectifs » et des « bandes enseignantes », qui permettent d'effectuer de manière autonome les apprentissages fondamentaux nécessaires en grammaire, orthographe, calcul, etc.

La multiplication de ces activités et leur complexité croissante nécessitent une coordination rigoureuse, sous peine de tomber dans une anarchie génératrice de désordre et de découragement. D'où l'invention de la coopérative, séance hebdomadaire où la planification des activités, la résolution des conflits et des difficultés inévitables qui leur sont liées s'effectuent d'une manière démocratique, selon un rituel à la fois rigoureux et souple. Des plans individuels de travail s'y adjoignent.

Le tableau suivant résume cet enchevêtrement de techniques qui ne sont pas simplement juxtaposées au fil de la semaine, comme dans les emplois du temps des classes traditionnelles, mais constituent un système de renvois et d'implications où les besoins fondamentaux de l'enfant – expression et création, communication et échange, apprentissages, socialisation démocratique, – trouvent à se satisfaire les uns par les autres.

Expression Création	**Communication Échanges**	**Apprentissages**	**Socialisation démocratique**
Texte libre *Dessin libre*	*Correspondance scolaire* *Imprimerie, Journal scolaire* *Quoi de neuf ?*	*Enquêtes de milieu* *« Méthode naturelle » de lecture* *Expérimentations scientifiques* *« Bibliothèque de travail »* *Fichiers autocorrectifs* *Bandes enseignantes*	*Coopérative* *Plans individuels et collectifs de travail*

Contrairement à la « pédagogie » dénoncée par Rancière, la pédagogie de Freinet n'instaure pas une progressivité obligatoire ; et elle ne s'inscrit pas dans une démarche explicatrice. Tout repose au contraire sur *le postulat de l'égalité :* tout élève est amené à entrer avec les autres (camarades de classe, correspondants, adultes par le biais du journal) dans une relation « horizontale » de collaboration et d'échange. C'est la mise en œuvre de cette relation qui le conduit à prendre conscience de ses lacunes et à entrer dans des apprentissages qui n'ont pour but qu'augmenter sa puissance. Non pas une puissance lointaine et abstraite, celle d'avoir un diplôme lui permettant d'occuper une position enviable dans la société ; mais une puissance immédiate et actuelle, celle de pouvoir mieux communiquer aux autres ce qui est important pour lui, et mieux agir sur le monde dans ce qui l'intéresse.

Contrairement à ce qui se passe chez Jacotot, l'autorité du maître, qui constituait un reste de domination (soumission d'une volonté à une autre) tend à être sinon remplacée, du moins relayée par le poids impersonnel de la complexité matérielle et institutionnelle de la classe. **Elle constitue un dispositif *contraignant* sans être *opprimant.***

L'élève, dans une classe Freinet, obéit à des lois et règles ; mais le maître n'est que le garant d'un ordre qui tend à fonctionner « tout seul », de par la seule vertu de sa cohérence et de son adéquation aux besoins de l'enfant, sans s'incarner dans une volonté magistrale forcément dominatrice.

C'est pourquoi Freinet répète souvent que sa pédagogie est faite pour un enseignant ordinaire, avec ses faiblesses et ses insuffisances : le réseau institutionnel que constituent les techniques le soulage du poids de l'autorité, alors que la pédagogie traditionnelle magistrale exige de l'enseignant qu'il soit un surhomme, héroïque et dominateur.

Émancipation des enfants, émancipation des adultes ?

Reste une question essentielle. La pédagogie de Freinet a pour ambition de former « l'homme de demain, l'homme moral et social, le travailleur conscient de ses droits et de ses devoirs et suffisamment courageux pour y faire face. »[118] Son ambition est incontestablement émancipatrice : « Ateliers de travail, salle commune, aide du maître sont les conditions inséparables d'un même tout qui est la formation de l'enfant et par-delà lui, la formation de l'homme, du citoyen de la nouvelle société populaire. »[119]

L'intrication des apprentissages intellectuels et des activités manuelles vise à abolir « cette dualité sociale des travailleurs manuels rejetés dans la mé-

118. C. Freinet, *Pour l'école du peuple, op. cit.*, p. 171.

119. *Ibid.*, p. 58.

diocrité et d'une classe intellectuelle d'autant plus présomptueuse qu'elle est plus stérile ». Marx faisait de la division du travail manuel et intellectuel le principe de toute domination et aliénation ; dans la société communiste cette division devait disparaître. **Freinet invente une école qui n'attend pas la révolution prolétarienne pour accomplir cette abolition, mais la prépare dès maintenant.**

On peut néanmoins se demander si l'absence d'une éducation directement et explicitement politique à l'école ne limite pas cette ambition émancipatrice. Assurément les enfants font l'expérience d'une microsociété (la classe) qui restaure une pratique unitaire du travail, indissociablement manuel et intellectuel. Ils écrivent et impriment ; ils s'informent et expérimentent ; ils lisent et fabriquent ; ils comprennent et produisent. Mais devenus adultes, feront-ils la transposition de ce qu'ils ont vécu dans leur classe à la société globale ? La puissance qu'ils exercent dans leurs activités scolaires, l'exerceront-ils aussi dans leurs activités sociales et professionnelles ? L'émancipation de l'élève est-elle aussi celle du citoyen ?

On peut se demander si la logique de l'analogie, poussée jusqu'à son terme comme elle tend à l'être chez Freinet, ne conduit pas à justifier l'absence, et même l'exclusion de la politique à l'école, en tant qu'enseignement explicite dans le champ scolaire. Dans le système pédagogique inventé par Freinet, cet enseignement devient doublement inutile :

1. Il l'est d'abord, parce que pour Freinet le « monde réel » va nécessairement vers la révolution et le socialisme. Il suffit de préparer les enfants au monde tel qu'il est, à la société dans ses tendances dynamiques (et non à celle du passé) pour les préparer *ipso facto* à une société émancipée. En d'autres termes : pas besoin de référence ou d'allusion directe à la politique, car « ça se fait sans le dire », ou plus précisément encore « cela va sans dire ». Or la question reste posée de savoir si les choses qui « vont sans dire » ne se font pas mieux en les disant… Et justement, la politique ne serait-elle pas la seule pratique qui ne puisse se *faire* sans se *dire,* qui ne puisse faire l'économie de son propre discours, ni s'accomplir sans s'annoncer ? Peut-on émanciper les personnes sans qu'elles prennent conscience de cette émancipation *comme telle,* et du même coup des implications politiques de la puissance qu'ils viennent de récupérer ?

Le postulat sous-jacent à cette conception analogique est l'existence, en tout individu, d'une force de transfert capable de reproduire, dans l'ordre des rapports sociaux adultes, les schèmes (coopération, démocratie, esprit critique, etc.) acquis dans et par l'ordre des rapports scolaires. L'émancipation à l'école devient une **pédagogie des *attitudes* :** on postule que les attitudes inculquées à l'école peuvent s'exercer ailleurs que dans leur champ d'origine, puisqu'il y a analogie des rapports.

On suppose, sous l'apparente hétérogénéité des domaines et des institutions (l'école, l'entreprise, la commune, la nation, etc.) une cohérence souterraine que la pédagogie émancipatrice se donne comme ambition de faire émerger. N'est-ce pas négliger les décalages, ruptures, inconséquences qui font qu'on peut être, par exemple, ouvert, attentif à ses proches et néanmoins xénophobe, ou encore démocrate dans ses relations quotidiennes et autoritaire, voire fasciste dans ses idées politiques ?

2. Une éducation politique est également inutile parce qu'elle est à la limite impossible. L'école étant, comme on l'a vu, un microcosme parfait de la société et de son histoire, la politique ne saurait s'y introduire sans introduire du même coup un élément de l'original dans la copie, le propre dans la métaphore, la réalité dans son « modèle réduit ». C'est la perfection même de l'analogie qui exige l'exclusion de la politique : la démocratie et le travail scolaires ne peuvent reproduire la démocratie et le travail réels que parce qu'ils sont, comme eux, absolument clos sur eux-mêmes et sans dehors - parce qu'ils *font système* à leur échelle comme la réalité sociale fait système à la sienne, et que tout système implique la clôture et l'homogénéité de tous ses éléments.

C'est en ce sens, probablement, qu'il faut interpréter l'insistance et le goût de Freinet pour la perfection de l'organisation scolaire, la minutie de son agencement, qui s'expriment constamment sur le mode de la métaphore : « Voilà maintenant notre usine en fonctionnement : ordre, profondeur, application naturelle, concentration, discipline dans la complexité au service de l'intérêt et du travail fonctionnel »[120]. L'École ne peut fonctionner *comme* une usine que parce que, justement, elle n'est pas une usine. Certes, la pédagogie Freinet fait une place importante au travail réel des hommes (enquêtes, sorties, etc.). Mais ces ouvertures sur la réalité sociale sont prises dans les formes contraignantes du langage et de l'ordre scolaire : textes libres, conférences « comme la veillée en famille », correspondance, conseil de coopérative, etc. La perfection du système de transposition de l'ordre « réel » dans l'ordre « scolaire » fait que ce dernier n'abandonne jamais sa souveraineté ; il ne se soumet à rien qui puisse le dominer et briser le miroir de l'analogie.

Il arrive pourtant que la politique se venge et que la réalité « en personne » fasse irruption dans son reflet. Freinet en a fait l'amère expérience avec « l'affaire de Saint-Paul », où le texte libre d'un élève, rêvant qu'il tue le maire du village et que Freinet le remplace, a déclenché une agitation dont la connotation sociale et politique (gauche contre droite, « bourgeois » contre « prolétaires ») était évidente. On touche sans doute ici aux limites du modèle analogique : certes, on ne saurait nier que l'organisation de l'école et de la classe préfigure le

120. C. Freinet, *Pour l'école du peuple, op. cit.*, p. 94-95.

modèle de société que l'on veut édifier ; l'apprentissage de la démocratie ne saurait s'effectuer par une pédagogie autoritaire. Mais peut-on en rester là et faire l'économie d'une confrontation *directe* aux réalités sociopolitiques ? C'est là que le modèle réaliste vient prendre le relais du modèle analogique, tout comme celui-ci s'enracinait et se développait dans les failles du modèle mimétique.

Peut-on transposer le modèle analogique de Freinet dans l'émancipation des adultes ? Il s'agira alors d'émanciper, non pas en confrontant les dominés aux duretés de la réalité sociale, économique et politique, mais en construisant des espaces relativement clos où ils puissent expérimenter, pour ainsi dire « en modèle réduit », les problèmes et les difficultés du réel. Relèveraient de cette démarche les entreprises d'insertion, les pratiques d'éducation des adolescents ou des jeunes adultes « en milieu protégé », les expériences de réhabilitation de délinquants ou de toxicomanes qui les immergent temporairement dans un milieu spécifique (navigation en mer, camp forestier, etc.) où ils peuvent vivre l'apprentissage des règles sociales (respecter un emploi du temps, se laver, travailler en équipe, etc.) mais aussi les principes d'une socialisation démocratique (exprimer son avis, discuter sans violence, supporter la contradiction, etc.) sans s'exposer aux risques d'un milieu « en vraie grandeur ».

Quels que soient leurs résultats empiriques, ces démarches relèvent de ce qu'on appelle communément *l'approche socioconstructiviste*. Celle-ci se caractérise par quelques principes issus des courants de l'éducation nouvelle. Tout apprentissage doit être motivé par un besoin ou un intérêt réel et s'effectue par essais et erreurs – ce que Freinet appelle « le tâtonnement expérimental ». L'erreur n'est plus du temps perdu ou la marque d'une déficience, mais une étape indispensable sur le chemin de la vérité. Une autre idée est que toute connaissance s'acquiert par la confrontation des points de vue – ce que les psychologues nomment *conflit socio-cognitif*. La discordance, les désaccords ne sont plus des chamailleries inutiles, du temps perdu, mais un processus nécessaire, qui est d'ailleurs celui de la recherche scientifique elle-même.

Ce modèle rejette donc aussi bien la stratégie rationaliste transmissive qui conçoit l'émancipation par l'instruction, que la stratégie libertaire qui se borne à accompagner le processus de libération sans le diriger. Entre ces deux pôles, il cherche à **élaborer des *dispositifs*,** c'est-à-dire des milieux complexes, en partie artificiels, mais qui ont l'avantage de placer le sujet dans des situations qui l'obligent à réagir, chercher, inventer, coopérer sans s'exposer aux risques qu'il courrait dans la réalité sociale, où l'on n'a guère le droit à l'erreur…

Synthèse

Stratégie			
	Rationaliste	***Libertaire***	***Constructiviste***
Principe	Vérité	Réalité	Capacité(s)
Démarche	Instruction	« Conscientisation »	Tâtonnement expérimental
Finalité dominante	Comprendre	Agir	Créer, inventer
Ressource principale	Savoirs, biens culturels	Confrontation au réel	Dispositifs pédagogiques
Sens du processus d'émancipation	Assimilation Imitation Acquisition (de connaissances, d'instruments, d'outils, etc.)	Opposition Résistance Lutte	Transformation Perfectionnement Développement de soi

L'émancipation, François Galichet, Chronique sociale.

Chapitre 4

Émanciper au quotidien

Il n'est évidemment pas possible de couvrir tout le champ des démarches qui se veulent, d'une manière ou d'une autre, émancipatrices. La misère aujourd'hui prend des formes multiples et souvent cachées ; il en va de même de la domination qui est, on l'a vu, très loin de se réduire aux aspects massifs et visibles de l'inégalité sociale. Il y a lieu d'émanciper non seulement les personnes issues de « milieux défavorisés », comme on dit pudiquement, mais aussi celles qui sont soumises à une domination, qu'elle s'incarne dans des corps physiques ou institutionnels visibles – les patrons, les financiers, les policiers, les juges, etc. – ou bien qu'elle se présente de manière plus diffuse, comme les manifestations de la domination masculine sur les femmes, ou à travers des addictions comme le jeu, l'alcool ou la drogue.

C'est pourquoi nous nous limiterons à analyser le domaine du travail social : les manifestations de l'oppression ont considérablement changé avec « le nouvel esprit du capitalisme » ; elles obligent à **inventer de nouvelles pratiques d'accompagnement social.**

Émancipation et travail social

La question du travail aliéné n'est pas nouvelle. Depuis Marx, elle traverse toute la réflexion émancipatrice et nourrit les théories de la libération, violentes ou pacifiques, révolutionnaires ou réformistes. Mais de ce point de vue, la France constitue un cas particulier. « Ce qui distingue nettement la France des autres pays, c'est le peu de satisfactions que les salariés semblent tirer de leur travail, et la mauvaise opinion qu'employés et employeurs ont les uns des autres. » [121]

Alors que les Français sont en tête des pays riches – devant les États-Unis – pour l'importance qu'ils accordent au travail dans leur vie personnelle, ils se classent avant-derniers (devant la Grèce) lorsqu'il s'agit de mesurer la satisfaction qu'ils retirent de leur travail.

Toutes les enquêtes vont dans le même sens. La Fondation européenne de Dublin, institut d'études rattaché à la Commission européenne, a mené une enquête sur la qualité de vie. Elle montre que 5 % des Français se déclarent stressés « en permanence » (contre 3 % en moyenne européenne) ; 13 % « la plupart du temps » (contre 9 %). Ici encore, seule la Grèce et Chypre font apparaître

121. T. Philippon, *Le capitalisme d'héritiers*, Le Seuil, 2007, p. 8.

des taux de stress plus élevés[122]. Une autre étude[123] montre que la France se caractérise par des conditions de travail anormalement difficiles comparativement à ses voisins. 30 % des Français déclarent que ce qu'ils font n'est pas reconnu par les autres, un niveau très supérieur à la moyenne européenne (22 %). 48 % déclarent vivre avec leurs *managers* un climat de tension (contre 32 % pour la moyenne européenne). Le sentiment d'insécurité de l'emploi est également plus élevé que dans la plupart des autres pays.

Comment expliquer cette situation ? La comparaison internationale montre « la capacité de certains pays, et l'incapacité d'autres, à organiser le travail de manière à ce que chacun y trouve son compte. »[124] En France particulièrement règne une opposition fondamentale entre ceux qui dirigent et ceux qui obéissent. « Dès qu'un professeur devient proviseur, il passe dans le camp ennemi. Au lieu de se dire "c'est un des nôtres qui a réussi, on sera peut-être mieux compris", ils sont méfiants car ils pensent qu'il est passé de l'autre côté de la barrière. »[125]

122. R. Anderson, H. Dubois, T. Leoncidas, E. Sandor, *Third European Quality of Life Survey,* Eurofound, décembre 2012.

123. Fondation de Dublin, *Fifth European Working Conditions Survey,* décembre 2012.

124. T. Philippon, *Le capitalisme d'héritiers, op. cit.*, p. 24.

125. Michelle Lamont, *La morale et l'argent,* Métailié, 1995, p. 70.

Dans cette conception, « les managers ne peuvent être heureux qu'en brimant leurs employés, et l'émancipation des travailleurs ne peut se faire qu'au détriment des patrons. »[126] Or les enquêtes internationales montrent que « les pays où les managers sont satisfaits sont ceux où les travailleurs sont satisfaits, et *vice versa.* »[127] Ce facteur ne détermine pas seulement le degré de satisfaction et de bien-être dans le travail, mais aussi des variables aussi objectives que le taux de chômage. « Statistiquement, la qualité des relations sociales dans l'entreprise explique 70 % des variations de taux d'emploi entre les pays. »

Une grande partie de la souffrance sociale – stress, sentiment de précarité, pénibilité des conditions de travail, manque de reconnaissance – apparaît donc largement liée à des facteurs plus culturels qu'économiques. Ils provoquent non seulement un climat négatif, mais aussi une efficacité moindre qui engendre un véritable cercle vicieux. De moindres résultats, surtout dans une concurrence mondiale impitoyable, renforcent la pression dans toute la chaîne de commandement, et au bout du compte sur les travailleurs de base ; mais réciproquement cette pression détériore encore plus le climat et les conditions de travail ; elle accroît le stress, et du

126. T. Philippon, *Le capitalisme d'héritiers, op. cit.*

127. *Ibid.*

même coup diminue l'efficacité et le rendement global de l'entreprise.

C'est ce qui permet à Alain Ehrenberg d'affirmer que « la souffrance sociale est la grande névrose narcissique française. »[128] Elle intériorise des problèmes qui, par là même, ne peuvent plus être posés objectivement comme des questions à résoudre en commun – questions d'organisation, d'efficacité technique et humaine, de relations institutionnelles. Du côté des managers, le travailleur qui exprime sa souffrance est perçu comme « fragile », « incapable », ayant des « difficultés d'intégration », donc d'une manière essentiellement négative, en termes de déficits et d'insuffisances. Du côté des travailleurs, cette souffrance est vécue comme une injustice, une manifestation d'oppression et d'exploitation du « grand capital », appelant une contestation globale, une lutte à mener en termes de « victoires » et de « conquêtes » syndicales, voire politiques.

Ces deux discours antagonistes se rejoignent dans une **commune conception « éristique » des rapports sociaux :** pour les uns, il s'agit de pressurer au maximum les travailleurs qu'ils emploient, de leur accorder le minimum pour en retirer le maximum ; pour les autres, il s'agit de résister, lutter, « faire plier les patrons ». Ici encore, les enquêtes

128. A. Ehrenberg, *La société du malaise*, *op. cit.*, p. 312.

internationales montrent que les Français, plus que les autres Européens, considèrent que les relations entre dirigeants et employés sont irrémédiablement conflictuelles, et que la lutte des classes est une réalité indépassable.

L'intériorisation de la souffrance sociale conduit à mettre au premier plan les questions relatives à la santé mentale. Comme l'écrit encore Ehrenberg, « les mauvaises conditions de travail, la contrainte de travailler trop rapidement, le travail mal fait, le manque de contrôle sur son travail conduisent à des souffrances psychiques plaçant la santé mentale en première ligne des problèmes du travail flexible. »[129] Il est bien connu que les Français sont champions du monde pour la consommation des psychotropes (neuroleptiques et antidépresseurs), et qu'ils sont en haut du tableau mondial pour la consommation d'alcool et l'usage des stupéfiants. Par ailleurs, toutes les enquêtes internationales montrent que les Français se déclarent moins heureux que la plupart des Européens, plus mécontents de leurs institutions, plus pessimistes quant à l'avenir[130]. Au sein de l'Union européenne, la France, avec un taux de 14,7 pour 100000 habitants, se situe parmi les pays à taux très élevé de suicides, nettement au-dessus de la moyenne européenne (10,2) et de tous

---

129. *Ibid.*, p. 314.

130. Cf. C. Senik, *The French unhappiness puzzle*, halshs.archives-ouvertes.fr

les grands pays comparables (Allemagne, Grande Bretagne, Italie, Espagne, pays scandinaves)[131].

Il y a une rigoureuse corrélation entre le modèle social français « gagnant/perdant » et la médicalisation des problèmes sociaux. Faute de pouvoir aborder objectivement et directement les problèmes de l'organisation du travail et du management, ceux-ci sont travestis dans un double discours. D'un côté il est moralisant - les ouvriers « paresseux » et « tire-au-flanc », les chômeurs « profiteurs » *versus* les patrons « exploiteurs » et les chefs « tyranniques » ; de l'autre il est pathologique - la dépression comme réponse individuelle à « l'injonction paradoxale » qui enjoint simultanément à l'autonomie et au respect de règles de plus en plus contraignantes.

Dans cette optique, **l'émancipation ne peut être qu'un appel à la résistance,** à la lutte contre l'hypocrisie des dirigeants et des puissants ; appel doublé d'une rhétorique compassionnelle envers la souffrance des dominés. « L'entreprise est devenue un univers si immoral que certains n'hésitent pas à la comparer à un camp de concentration. »[132]

Les travailleurs sociaux, qui sont au premier rang dans le traitement de la souffrance sociale, sont eux-mêmes exposés à cette **double tentation combative et compassionnelle.** Émanciper les

131. Source : Eurostat, mise à jour 14.12.2012.

132. *Ibid.*, p. 327.

personnes – travailleurs, chômeurs, exclus – dont ils ont la charge, c'est pour beaucoup les rendre capables de *se battre,* de lutter contre tous ceux qui les oppriment ou les exploitent, et sont responsables de leur misère. Il s'agira de les faire accéder à une conscience lucide de leurs problèmes, et aux capacités qui vont avec (savoir comprendre, analyser une situation, argumenter, participer à un entretien, défendre ses intérêts, prendre la parole en public, etc.). Mais pour ceux qui sont les plus abîmés, il s'agira d'abord de les amener à se soigner – dans leurs pathologies non seulement physiques, mais aussi mentales et affectives, par une attitude d'écoute, de compréhension, d'empathie, d'accompagnement. La loi sur le handicap votée en 2005 insiste sur le nécessaire décloisonnement du sanitaire et du social : il faut remédier aux souffrances pour libérer les individus de tout ce qui les entrave dans la conquête de l'autonomie ; il faut accroître leurs capacités intellectuelles et sociales pour les affranchir des troubles dont ils souffrent.

Le risque est de limiter, voire d'enfermer le travail émancipateur dans le seul ghetto des personnes dites défavorisées - les « exclus », les « précaires », les « populations fragiles », etc. Or les analyses précédentes nous ont montré que le malaise social était loin de concerner uniquement les milieux populaires. Le modèle « gagnant/perdant », qui conditionne les rapports sociaux, concerne aussi bien les managers que les travailleurs, les dirigeants que les employés. Ce qu'il dénote, c'est un véritable *analphabétisme social* affectant aussi bien le haut que le bas de la pyramide sociale, les « favorisés » aussi bien que les « défavorisés ». L'aliénation n'est pas réservée aux seuls milieux populaires, le peuple ou le prolétariat, les salariés et les chômeurs, etc. Elle est liée à un modèle culturel qui affecte simultanément, quoique différemment, les riches et les pauvres, les puissants et les faibles, les dirigeants et les dirigés.

C'est ce que Christophe Dejours, qui a consacré de nombreux travaux à la souffrance au travail, relève lorsqu'il écrit : « Parmi les dirigeants certains ont des doutes sur la validité des méthodes de gestion et de management dont ils savent qu'elles sont en cause dans les ravages humains du travail auxquels on assiste aujourd'hui. Eux aussi commencent à souffrir sérieusement de la déstructuration du vivre-ensemble à la tête des entreprises, des administrations et de l'État. »[133]

On voit par là que la question de l'émancipation sociale peut être posée de deux manières. Elle peut être conçue comme concernant une catégorie particulière de la population : de La Boétie à Condorcet puis Marx, la volonté émancipatrice s'adresse à ceux qui sont dans une situation de servitude, vo-

133. Ch. Dejours, « Sortir de la souffrance au travail », *Le Monde*, 22.02.2011, p. 18.

lontaire ou non. Elle cherche à les mobiliser, les éveiller, les libérer. Mais par là même le travailleur social, le militant politique ou associatif se trouve pris dans une contradiction : d'un côté il prétend « faire avec » et non « faire pour », accompagner et non assister ; mais d'un autre côté il a affaire à des populations qui se caractérisent précisément par leur passivité, leur inertie, leur soumission. Il est soumis à une **exigence paradoxale :** il doit agir pour ne plus agir, prendre des initiatives pour que d'autres en prennent, accompagner sans conduire, prendre en charge sans prendre à sa charge. D'où le double discours qu'il tient en permanence – ambitieux dans ses finalités, modeste dans ses démarches.

Il en va tout autrement si l'on considère que **l'émancipation concerne la société entière et non pas une fraction d'entre elle.** La question n'est plus alors de cibler la fraction dominée et opprimée du peuple pour la libérer de son aliénation ; elle est d'identifier les blocages qui font que le modèle « gagnant/perdant » aboutit en réalité à une situation « perdant/perdant », où les bénéficiaires apparents ne le sont pas vraiment, même s'ils croient l'être. Il s'agit simultanément que les « perdants » prennent conscience des injustices et empêchements dont ils sont victimes, mais aussi que ceux qui se pensent « gagnants » prennent conscience qu'ils ne le sont pas tant que cela et qu'il leur manque aussi beaucoup de choses ; bref, qu'ils sont aussi aliénés que ceux qu'ils considèrent comme tels.

On peut appeler cette démarche **« alphabétisation sociale »,** par opposition aux démarches classiques d'émancipation qui se caractérisent par leur asymétrie : il y a d'un côté des « émancipateurs » et de l'autre des personnes « à émanciper ». Elle part d'une situation d'analphabétisme généralisé, où tous les acteurs manifestent **une incapacité à « faire société »** autrement que selon des modes inefficients pour tous. Elle vise à la faire évoluer, sans nier les rapports de domination ni les inégalités, mais en les rapportant au modèle dans lequel tous sont pris sans en être conscients.

L'alphabétisation sociale

Un exemple de cette démarche peut être fourni par les expériences de « croisement des savoirs » développées par le mouvement ATD Quart-Monde. L'idée directrice est que le handicap social est partagé par tous les membres de la société, quelle que soit leur position économique et culturelle. L'aisance n'est pas d'un côté et la pauvreté de l'autre. Le savoir ne se réduit pas au « capital culturel » théorisé par Bourdieu ; il ne se ramène pas aux formes consacrées du savoir scientifique, validé par les règles de l'institution universitaire. À côté de ce savoir institutionnel il y a des savoirs informels, détenus par ceux qui n'ont pas accès aux modes socialement reconnus de la connaissance (diplômes, concours, etc.). Il est donc nécessaire d'opérer un « croisement des savoirs », qui entraînera un « croisement des pouvoirs » [134], entre personnes appartenant à des groupes sociaux différents et inégaux du point de vue économique.

Ce qui est en jeu ici, c'est la notion de *démocratie participative,* en tant qu'elle s'oppose à la *démocratie représentative* traditionnelle. Elle ne peut être mise en œuvre qu'en répondant à quatre questions au moins : « Quel crédit reconnaît-on à la pensée des plus faibles ? Quels moyens leur donne-t-on pour exprimer leur pensée ? Quelle place fait-on à leur réflexion dans les institutions, les projets, l'Université, la recherche, etc. ? Quelles compétences sont nécessaires à tous pour construire des compétences collectives auxquelles tous peuvent avoir part ? »[135]

Il ne s'agit pas seulement par là de résoudre des conflits ponctuels ou d'apaiser les tensions sociales, mais d'engager « un processus de transformations mutuelles qui rend possible un partenariat à dimension collective ». Le croisement des savoirs n'est pas considéré, ainsi qu'on le fait habituellement,

---

134. C. Ferrand (dir.), *Le croisement des pouvoirs,* Éditions Quart-Monde/Éditions de l'Atelier, 2008.

135. *Ibid.,* p. 89.

comme la résultante du partenariat, mais comme sa condition.

Il implique une méthodologie dont les principales étapes sont : l'émergence des représentations croisées des uns et des autres, l'apport réciproque de connaissances, une réflexion sur les conditions pour devenir acteurs ensemble de la lutte contre la misère, et une démarche d'évaluation. Contrairement à la pédagogie libertaire développée par Freire, l'alphabétisation sociale ne s'adresse pas aux seules populations opprimées pour les « conscientiser » ; elle ne disqualifie pas *a priori* les classes dominantes comme étant incapables d'apporter un savoir spécifique et sommées de se mettre à l'écoute, sinon à l'école des classes populaires[136].

Concrètement, cette démarche prend la forme de stages ou sessions de coformation réunissant des personnes appelées à se rencontrer dans des situations institutionnelles d'assistance, de tutelle, de soins ou d'études : travailleurs sociaux, soignants, employés des services sociaux, chercheurs et universitaires d'une part ; personnes en situation de pauvreté et de précarité d'autre part. Des militants d'ATD Quart-Monde assurent la médiation et or-

---

136. Paulo Freire est très clair sur cette disqualification *a priori* des « privilégiés » à pouvoir participer au processus d'émancipation : « Seuls les opprimés, en se libérant, peuvent libérer leurs oppresseurs. Ceux-ci, en tant que classe qui opprime, ne peuvent ni se libérer ni libérer autrui » (*Pédagogie des opprimés, op. cit.*, p. 35).

ganisent les échanges entre ces différents groupes socialement très hétérogènes.

La pauvreté, dans cette perspective, n'est plus appréhendée comme un déficit ou un handicap, mais comme « catalyseur de nos sociétés, comme un moyen de penser leur évolution, de vérifier les programmes, projets, propositions »[137]. Il s'agit de considérer les sentiments comme « des révélateurs des situations d'oppression (...), des signaux qui incitent à construire des indicateurs autour de questions comme les temps de réaction des services sociaux ou l'inadaptation des personnels d'accueil aux relations avec les familles[138] ». Plutôt que de croisement de savoirs ou de pratiques, « il faudrait parler de « démarche de croisement de recherches » : on ne croise pas des savoirs, on se met à travailler ensemble, à réfléchir sur un problème ou une question ». Il s'agit de **mettre en œuvre ensemble une « raison expérientielle »** à distinguer de la « raison formelle » des scientifiques.

L'objectif n'est pas seulement spéculatif – acquérir de nouvelles connaissances que les méthodes traditionnelles ne parviennent pas à élaborer. Il est aussi pratique : il s'agit de changer la vision que chaque groupe a des autres, non pour abolir les dif-

---

137. *Rapport général sur la pauvreté,* www.atd-quartmonde.be/Rapport-General-sur-la-Pauvrete.html, 1994.

138. C. Ferrand (dir.), *Le croisement des pouvoirs, op. cit.,* p. 110.

férences, mais pour **permettre une confrontation.** Celle-ci pourra être très conflictuelle, mais elle sera toujours orientée vers la recherche de solutions, la construction de dispositifs visant à éliminer la pauvreté. Cela conduit à ce qu'on pourrait appeler **le « paradoxe de l'émancipation »,** souligné par Olivier Favreau : « Si l'objectif ne peut être que l'élimination de la pauvreté, qu'est-ce qui reste d'intéressant du savoir des pauvres sur la pauvreté, y compris dans une société où il n'y aurait plus de pauvreté ? »[139] Comment soutenir *à la fois* que les pauvres détiennent des savoirs irremplaçables, qu'ils apportent des expériences originales, des conceptions et des représentations ayant une valeur positive, importante pour tous les membres de la société – et qu'il faille éradiquer la pauvreté ?

C'est pourquoi des critiques ont été adressées à cette démarche. Ainsi Luc Boltanski distingue les vécus des savoirs, et ne conçoit ceux-ci que sous une forme théorique. « Vos savoirs construits ensemble ce ne sont pas des savoirs, ce sont des volontés. »[140] « Un monde dans lequel les gens qui viennent de la grande pauvreté parleraient de la grande pauvreté, les prolétaires parleraient des prolétaires, les femmes parleraient des femmes, les Noirs parleraient des Noirs, c'est la fin des sciences

139. *Ibid.*, p. 123-124.

140. *Ibid.*, p. 127.

sociales ! Cela aboutirait à une humanité profondément morcelée. Je suis contre ».[141]

On est là au cœur du problème de l'émancipation. D'un côté elle ne saurait se faire sans ceux qu'elle vise à libérer, ni même simplement avec eux. Leur libération est d'abord leur affaire, sinon ce n'est pas une libération. L'émancipateur ne peut se placer que dans une position seconde et subordonnée, aussi réduite que possible. Mais d'un autre côté la domination se définit d'abord comme une dépossession, comme une série d'absences ou d'incompétences ; l'impulsion initiale ne peut venir que du dehors. **L'émancipation n'a de sens que dans et par un monde unique, commun, partagé par tous,** échappant au « morcellement » : or ce sont les sciences sociales qui assurent et vérifient cette unicité. Elles mettent en évidence les analogies, corrélations, interactions, connexions entre toutes les oppressions multiples et partielles. Par là même, elles impliquent un point de vue surplombant et *désintéressé ;* elles relèvent de ce que Bourdieu appelle « le monopole de l'universel » et constituent socialement un privilège, donc toujours et encore un phénomène de domination.

C'est pourquoi la démarche d'alphabétisation sociale ne peut assurer sa validité qu'en associant, autant que possible, tous les groupes qui sont parties

141. *Ibid.*, p. 128.

prenantes dans les processus de domination. Ainsi pourrait-on, avec Blanche Segrestin et Armand Hatchuel, envisager une réforme juridique du statut des entreprises. Elle en ferait une structure démocratique échappant aux limites de la *corporate governance* qui consacre le pouvoir des actionnaires, et à travers lui, la domination d'une classe sur les autres, entraînant « des dommages sociaux et environnementaux aujourd'hui insupportables pour la collectivité. »[142]

Ici encore, l'émancipation passe non par une action ciblée sur un groupe (les ouvriers, les travailleurs, les prolétaires, etc.) mais par la construction d'un *dispositif* plaçant les différents partenaires en situation d'interagir sur un mode conflictuel mais orienté vers l'action commune, l'efficacité collective plutôt que sur la victoire d'un camp sur l'autre. Comme chez Freinet, les divers éléments de ce dispositif font système ; ils constituent un réseau contraignant les partenaires à subordonner leurs intérêts propres aux intérêts de l'entreprise commune. Celle-ci constitue « un espace collectif de travail » ; elle vise à « organiser la création collective de capacités inédites. »[143] Le pouvoir n'est plus dévolu aux seuls actionnaires, mais résulte

142. B. Segrestin et A. Hatchuel, « Pour un nouveau droit de l'entreprise », in Collectif, *La République des Idées, Refaire société*, Le Seuil, 2011, p. 66.

143. *Ibid.*, p. 68.

d'un « contrat d'entreprise » associant les salariés, les apporteurs de capitaux, éventuellement d'autres partenaires.

Tout le problème est que « le droit ne parvient pas aujourd'hui à penser la propriété d'une ressource créée à plusieurs ; il raisonne en fonction des propriétés initiales. »[144] De là vient la domination des détenteurs de capitaux sur les autres classes sociales et les phénomènes qui en dérivent : représentation guerrière des rapports sociaux, modèle « gagnant/perdant », précarité, etc. **Émanciper les dominés implique une alphabétisation sociale de *tous* les partenaires sociaux ;** elle passe par la construction de nouvelles formes juridiques et institutionnelles de l'entreprise.

Un exemple de cette *« autoformation sociale »* des partenaires sociaux dans un cadre institutionnel est décrit par Denis Cristol, à propos de « l'apprentissage réciproque d'un *manager* et de son équipe ». Il montre que « chaque équipe est un environnement d'apprentissage unique » et que « si le *manager* façonne l'équipe, l'équipe en retour façonne le *manager* ».[145]

144. *Ibid.*, p. 74.

145. D. Cristol, « L'émergence du sujet social apprenant », in P. Cyrot, Ch. Jeunesse, D. Cristol (dir.), *Renforcer l'autoformation,* Chronique sociale, 2013, p. 67-83.

Une autre structure appropriée est celle des réseaux réciproques d'échanges de savoirs, dont Solveig Fernagu-Oudet montre qu'ils constituent des « dispositifs d'autoformation sociale », et ont une quadruple fonction de socialisation professionnelle, d'intégration, d'apprentissage et de diversification pédagogique.[146]

La formation à distance, dans la mesure où elle permet de réunir des étudiants d'origine sociale diverse sans que cette appartenance soit trop visible comme dans les formations classiques, constitue également un dispositif permettant la confrontation des représentations et la mutualisation des démarches cognitives : c'est ce que montrent Christophe Jeunesse et France Henri en analysant le MOOC, qui « remet en question la valeur accordée au contenu dans un cours traditionnel aux dépens de deux autres dimensions fondamentales : l'engagement et les interactions entre l'enseignant et les étudiants d'une part, l'auto-organisation des activités des apprenants dans l'espace social d'autre part »[147].

---

146. S. Fernagu-Oudet, « Concevoir des environnements capacitants : l'exemple d'un dispositif d'autoformation sociale – un réseau réciproque d'échanges des savoirs », in P. Cyrot, Ch. Jeunesse, D. Cristol (dir.), *Renforcer l'autoformation, op. cit.*, p. 43-61.

147. Ch. Jeunesse et F. Henri, « Autoformation 2.0. Autodidaxie et autoformation éducative à l'ère du Web social », in P. Cyrot, Ch. Jeunesse, D. Cristol (dir.), *Renforcer l'autoformation, op. cit.*, p. 159-185.

Mais en définitive, c'est à l'école – dans la mesure où elle est réellement démocratique – que toutes les classes sociales, dominantes et dominées, se trouvent initialement ensemble avant de voir leurs destins diverger. « Le système d'éducation d'une société reflète le système social de cette société et constitue en même temps le moyen essentiel grâce auquel ce système se perpétue. »[148] C'est à l'école que l'individualisme, les relations hiérarchiques, la centralisation des décisions, l'obsession d'une évaluation formelle, deviennent des *habitus* ancrés dans l'inconscient et déterminent les pratiques des uns et des autres. L'école française est à la fois « hiérarchique et verticale. »[149] « Alors que les enseignants scandinaves encouragent le travail en groupe et le développement des compétences sociales – sens de l'organisation et goût de la coopération – les Français prisent la transmission académique du savoir : la moitié des élèves déclarent passer l'intégralité de leurs cours à prendre en note ce qui est inscrit au tableau. »[150]

L'école est le premier et le principal facteur de l'analphabétisme social : c'est donc à l'école que doit commencer l'alphabétisation sociale qui est

148. M. Crozier, *Le phénomène bureaucratique,* Le Seuil, 1963.

149. Y. Algan, P. Cahuc, A. Zylberberg, *La fabrique de la défiance… et comment s'en sortir,* Albin Michel, 2012.

150. A. Chemin, « Liberté, égalité, morosité », *Le Monde,* 22.06.2013.

principe d'émancipation[151]. Comme l'écrit Thomas Philippon, « l'école est bien le modèle auquel nous nous référons dans notre vie adulte. Apprendre à travailler en groupe et participer à la vie d'une organisation devrait se faire dès le plus jeune âge. Dans la mesure où le travail en groupe est plus important dans le monde professionnel aujourd'hui, il devrait l'être aussi à l'école, au collège et au lycée (...). Apprendre à coopérer, à s'écouter et à décider ensemble est aussi important que d'apprendre à parler anglais. »[152]

On rejoint ainsi le modèle analogique dont nous avons vu, avec Freinet, l'importance pour les stratégies d'émancipation. Entre l'asymétrie du modèle transmissif et les paradoxes du modèle réaliste, il offre un champ d'apprentissages et d'expériences diversifiées. Il oblige à de perpétuelles transpositions d'un domaine à l'autre : de l'école à l'entreprise, de l'entreprise au quartier, du quartier à la famille, de la famille aux associations, etc. Il fait de l'émancipation un processus circulaire, ouvert, indéfini, impliquant toutes les catégories de la société.

---

151. Sur cette question, on lira avec profit l'ouvrage de ATD Quart-Monde et P. Percq, *Quelle école pour quelle société ?* Chronique sociale, 2013, ainsi que les deux ouvrages de M. Boncourt, *Moi, maîtresse,* Matrice 2004, et *C'est pas moi Maîtresse,* In Octavo, 2010, qui contiennent de nombreux exemples concrets, et souvent drôles, d'imbrication entre l'alphabétisation intellectuelle et l'alphabétisation sociale.

152. T. Philippon, *Le capitalisme d'héritiers, op. cit.,* p. 105-106.

Apprentissages et émancipation

Pour mieux saisir le caractère émancipateur de la démarche qui associe les apprentissages au développement de la puissance sociale, nous analyserons une expérience d'alphabétisation et d'enseignement de français langue étrangère pour des personnes migrantes[153]. Les formateurs qui ont mené cette expérience entendaient pratiquer avec les adultes la « méthode naturelle » inventée par Freinet, dont nous avons exposé les grandes lignes.

Dès les réunions préparatoires, de forts désaccords se font jour entre les membres de l'équipe : certains, enseignants en exercice dans l'Éducation nationale, ne conçoivent cet enseignement que sous une forme « scolaire »

> « *Les enseignants sont des professionnels et entendent être reconnus comme tels. Leur compétence, leur statut, leur professionnalité sont si souvent battus en brèche par la société d'aujourd'hui, qu'ils éprouvent à la moindre occasion le besoin de se défendre et/ou de s'imposer comme les spécialistes du monde de l'enfance. Cette sensibilité à fleur de peau est pour l'occurrence exacerbée par l'utilisation d'une*

153. M. Boncourt, « Une année de cours d'alphabétisation pour adultes en méthode naturelle », *Le Nouvel Éducateur,* n° 195, octobre 2009. Toutes les citations qui suivent sont tirées de cet article et reproduites avec l'aimable autorisation de l'auteur, que nous remercions pour sa contribution.

méthode qui va à l'encontre des représentations les plus courantes : "enseigner, c'est dire", ou "enseigner, c'est expliquer". »

La démarche émancipatrice oblige le formateur à renoncer à l'autorité qui est traditionnellement la sienne pour en inventer une autre, fondée sur l'organisation de dispositifs plutôt que sur l'imposition de connaissances et d'exercices. Cette contrainte n'a pu être acceptée par deux membres de l'équipe, qui abandonnent le projet avant même qu'il ait commencé.

Le cours démarre avec quatre formateurs, à raison de trois séances d'une heure et demie par semaine. 32 femmes et 3 hommes s'inscrivent, mais une dizaine seulement participera régulièrement.

À la première séance un texte est élaboré collectivement : *« Aujourd'hui je suis partie à l'école et j'ai bu un café »*. La relative indigence du texte s'explique par la prudence des participants, qui ne veulent pas s'exposer d'emblée et attendent de voir ce qui va se passer avant de s'impliquer personnellement. Malgré tout, ce texte permet un travail sur la langue, par permutation et combinaison des différents segments inscrits sur des étiquettes.

Très vite, les formateurs découvrent que la majorité des personnes présentes savent lire et écrire dans leur langue. Le projet initial d'alphabétisation se transforme en projet d'apprentissage du français langue étrangère, qui correspond aux besoins réels des participants.

Chaque séance démarre par un « *Quoi de neuf ?* »[154] qui permet de renforcer l'apprentissage oral du français. Mais ce dispositif présente aussi l'intérêt de libérer la parole et de faire place au vécu concret des participants :

> « *Les femmes y prennent un plaisir manifeste. De toute évidence, ces moments de cours sont pour elles aussi des moments de sorties et de rencontres, des moments où elles parlent, avec nous et entre elles, de tout et de rien mais selon une seule règle en vigueur : que ce soit en français.*
>
> *Les sujets sont variés et toujours proposés par elles. Il est clair qu'elles aiment parler de leur pays, de leur langue, de leurs coutumes. Clair qu'elles sont fières de voir que nous nous y intéressons, et que même ces sujets-là sont à la base de ce qu'elles sont en train d'apprendre, et qui les valorise.* »

Peu à peu, les sujets abordés deviennent de plus en plus personnels et touchent à des thèmes où la domination, la sujétion et l'aliénation des femmes sont particulièrement sensibles :

---

154. Le « *Quoi de neuf* » est une technique de la pédagogie Freinet qui conduit à commencer la journée par un échange informel où chacun raconte librement ce qu'il a vécu d'important ou d'intéressant depuis la dernière séance. C'est à la fois un moment de libre expression – où l'enseignant se met en retrait – et une occasion d'échanges et d'interrogations réciproques entre les élèves.

« Un jour, par exemple, nous avons parlé du mariage (tous les sujets étaient bien évidemment proposés par elles). Étaient présentes une Brésilienne, deux Allemandes, une Tchétchène et quatre femmes turques. Les différentes modalités de la première rencontre avec le futur conjoint furent évoquées. Lorsque les femmes turques racontèrent comment cela se passe dans leur pays, comment les unions sont arrangées par les pères, comment elles se retrouvent très souvent mariées à un homme plus âgé qu'elles, un homme qu'elles n'ont ni choisi, ni parfois même vu avant le jour de la cérémonie, elles soulevèrent chez les autres un tollé où l'incompréhension et l'angoisse se mêlaient à l'indignation. La discussion fut menée grand train, chacune oubliant les obstacles de la langue pour tenter à la fois de comprendre tout ce qui se disait et de défendre le point de vue culturel qui était le sien. L'intérêt pour le thème étant à son maximum, la concentration le fut tout autant. Le choc des cultures trouva même une issue favorable dans l'intervention de la femme tchétchène, laquelle, avec le bon sens, l'humour et la finesse qui la caractérisent, raconta comment elle s'était mariée quelque quinze années auparavant avec un homme que ses parents avaient choisi pour elle et pour lequel, bien entendu, elle n'avait, au départ, pas d'amour. Lorsqu'elle dit, en levant au ciel les yeux et les bras dans un geste de ravissement : « Mais aujourd'hui !!! », elle provoqua parmi les femmes, apprenantes comme formatrice, un immense éclat de rire où se mêlaient peut-être

l'envie et le bonheur, mais dans tous les cas le soulagement de trouver la possibilité de sortir d'une représentation figée, stéréotypée. La liberté de relativiser, en quelque sorte. »

On saisit ici sur le vif l'un des principaux intérêts de la méthode naturelle : elle développe **la capacité à prendre de la distance, à réfléchir par soi-même, à partir de matériaux puisés dans sa propre expérience et confrontés à ceux des autres.** Comme l'écrit Martine Boncourt, « ce regard critique permet un accès au savoir non figé et doublement émancipateur : à la fois dans la remise en question de ses schèmes culturels et dans leur mode d'appropriation. »

Les textes élaborés à partir de ces conversations ont servi de supports à des exercices de systématisation et de renforcement des structures grammaticales ou du vocabulaire. Ils donnent aux activités de formation une tournure qui n'est plus scolaire, mais renvoie à des situations d'aliénation dont il s'agit de se libérer par des apprentissages indissociablement techniques, personnels et sociaux. En apprenant à mieux maîtriser le français – ce qui permettra de mieux se défendre dans l'existence quotidienne en France – on apprend aussi à évaluer sa propre situation à la lumière de celle des autres, et à relativiser ce qui semblait initialement une fatalité incontournable.

En témoigne l'évolution de Fatma, telle qu'elle est relatée par la formatrice :

> « *Ce jour-là, ce que Fatma écrivit librement fut choisi par le groupe d'adultes comme texte de référence, comme il est d'usage en Méthode naturelle de lecture-écriture. J'eus un choc. Il y était question d'un cauchemar récurrent consécutif à un accident de voiture que Fatma avait vécu quelques années auparavant. Dans ce mauvais rêve, elle perdait des proches et parmi eux ses enfants. L'évocation d'enfants morts ne laisse personne indifférent, même s'il ne s'agit que d'un rêve, d'autant que, livrées à l'écrit, les paroles donnent encore davantage de consistance aux événements. Aussi n'ai-je été que moyennement étonnée par la réaction de Fatma lorsque nous nous sommes apprêtées à relire son texte pour l'étudier le lendemain. Elle manifesta en effet une très grande gêne à la perspective de voir « sa vie écrite sur une feuille », étalée aux yeux de tous et faisant l'objet d'une étude approfondie.*
>
> *Sur le coup, silence. Je cherche une réaction. Je demande au groupe de femmes présentes – turques pour la plupart – si elles ont déjà vécu un accident de voiture et quel impact il a eu sur elles. Les réactions sont vives et variées, mais toutes témoignent de l'intensité du traumatisme et de la difficulté à oublier qui génère chez elles aussi des cauchemars du même ordre.*
>
> *M'adressant à Fatma, je lui signale alors que si son texte a été choisi, c'est bien parce qu'il*

nous parle, à nous toutes. Le travail d'étude et de recherche que nous allons y faire est comme une sorte d'appropriation par le groupe. Au fond, même si elle en est l'auteur, c'est un peu comme s'il ne lui appartenait désormais plus vraiment puisque par cette histoire singulière, nous racontons la nôtre propre. J'ajoute enfin que, parfois, un texte personnel, dès lors qu'il est écrit, fonctionne comme un fardeau qu'on a « déposé », hors de soi. Fatma répond : « C'est vrai ça. Mon mari ne veut pas que je lui en parle. Mais moi j'aimerais, je sens que ça me ferait du bien… »

Et voici qu'intervient Mehrican, une autre apprenante du groupe. Sa réaction finit par avoir raison des réticences de Fatma – et même de ses cauchemars postérieurs, nous avouera plus tard cette dernière. Désignant d'un geste ample tous les textes de référence affichés au mur de la salle, Mehrican dit à Fatma : « Mais tous ces textes-là, c'est pareil ! C'est notre vie à nous toutes ! »

Les jours suivants, Fatma, au visage d'ordinaire si fermé, affiche un sourire tranquille… »[155]

On voit, dans cet épisode, que **ce qui apparaissait initialement comme un fantasme purement individuel, sans signification autre que psychologique, s'inscrit en réalité dans une relation sociale et institutionnelle :** « Mon mari ne veut pas que je lui en parle ». À travers ce cauchemar, c'est toute la

155. M. Boncourt, « Fatma et le texte libre », *Le Nouvel Éducateur,* décembre 2011.

question de la liberté de parole entre mari et femme qui est posée. Et surtout, le problème propre à Fatma est immédiatement relié, par l'une des participantes, à celui des autres : « C'est notre vie à nous toutes ! ». **On ne saurait distinguer, dans ce qui est proposé par les apprenants, des aspects « signifiants » du point de vue de l'émancipation et d'autres qui ne le seraient pas.** Le psychique et le social, l'individuel et le culturel, le fantasme et le réel, s'imbriquent indissociablement. C'est le processus même de la formation qui permettra de faire le tri, ce qui suppose qu'il ne soit pas fait au préalable.

C'est ce que montre également le cas de Justine :

> *« Justine est arrivée en janvier dans le groupe d'alphabétisation d'adultes. Même si elle récite l'alphabet sans erreur et peut écrire (ou plutôt dessiner) les lettres, Justine, 24 ans, ne sait pas lire du tout. Curieusement, elle repère toujours le « a » et sait le prononcer. Mais pas les autres lettres dont pourtant elle connaît le nom. Dans les faits, elle n'est jamais allée à l'école élémentaire. De son passage à la maternelle qu'elle a fréquentée avant de rejoindre un IME, elle m'a montré un jour avec beaucoup de fierté des photos de classe où elle sourit au milieu de ses petits copains de trois/quatre ans.*
>
> *Pendant six mois, elle a fait preuve d'une étonnante assiduité aux quatre séances de cours hebdomadaires, ce qui lui demandait à chaque fois un déplacement en train, une longue marche dans la ville et une attente de plus d'une heure*

dans la gare de départ. Elle est venue été comme hiver, qu'il pleuve ou qu'il vente, qu'elle soit en forme ou un peu grippée.

Chaque fois, elle s'est pliée avec un plaisir évident à nos demandes, a participé au Quoi de neuf ?, a écrit – en dictée au formateur – des textes libres qui parlaient d'elle, a commencé à syllaber, s'est efforcée à faire des devoirs qu'elle s'était donnés elle-même pour le lendemain, a « attrapé » de nombreux mots qu'elle identifiait globalement, pour… tout oublier systématiquement à la séance suivante.

Seul restait le « a ». Ou peu s'en faut.

Nous voyions bien que quelque chose était possible avec elle, qu'elle n'était dénuée ni de logique ni de désir d'apprendre. Nous étions par ailleurs convaincus qu'il nous faudrait du temps pour que la Méthode naturelle agisse avec elle, en commençant par déconstruire ce qui avait été peut-être à l'origine de ses incapacités et, en s'appuyant sur du sens, celui de la vie, la sienne d'abord, par reforger une meilleure estime de soi.

Et nous avons tenu le cap. Elle entrait avec le sourire, visiblement contente d'être là. Mais en juin, toujours rien. Alors j'ai commencé à douter.

Et puis, le dernier jour est venu et avec lui un petit bilan pendant lequel les apprenants ont été invités à s'exprimer sur leurs impressions de progrès ou non, et sur leurs souhaits pour l'an prochain.

Justine a dit : « Moi, j'ai beaucoup appris cette année – et là, j'ai tendu l'oreille – j'ai appris à avoir plus confiance en moi. Par exemple, maintenant, quand je sais qu'il y a un boulot possible pour moi, comme à la pouponnière de Molsheim, j'y vais, je pose ma candidature, je me fais aider pour écrire la demande. Je suis contente. »

Et nous donc ![156]

Ici, l'échec apparent d'un apprentissage technique (la maîtrise de la lecture) dissimule la réussite d'un apprentissage réel, concernant ce qu'on pourrait appeler *« l'empowerment » :* l'estime de soi, la capacité à oser s'affirmer, revendiquer ses droits, obtenir un emploi synonyme d'intégration sociale.

On est donc fondé à se demander en dernier ressort si la distinction qui est souvent faite entre « savoirs », « savoir-faire » et « savoir-être » est légitime. Les deux exemples que nous avons cités montrent qu'ils sont indissociablement imbriqués et que c'est cet enchevêtrement même qui constitue le processus d'émancipation.

En outre, cet exemple montre l'inanité de l'opposition entre *une stratégie rationaliste,* prônant l'émancipation par l'instruction, le savoir au sens large, dans la tradition de Condorcet, et une *stratégie libertaire,* privilégiant avec Paulo Freire, la

156. M. Boncourt, « La place vide sur une photo de classe », *Chantier (Revue pédagogique des enseignants de l'Est),* août 2012.

conscientisation, la puissance sociale, l'estime de soi et la volonté de libération. L'expérience relatée montre que les participantes sont initialement dans une certaine réserve liée à leur situation. Tenter de les en arracher trop vite provoquerait des réactions de défense et de repli qui iraient à l'encontre du but recherché. L'acquisition de compétences langagières ou intellectuelles est en quelque sorte un bouclier, un prétexte qui permet à chacune de ne s'exposer que quand elle le souhaite. Mais cette exposition ne vient que parce que la méthode adoptée – textes libres, quoi de neuf ? – favorise des apprentissages qui ne soient pas déconnectés du vécu, et surtout qui ne fassent pas obstacle à son expression. La méthode naturelle permet à chacun de s'exprimer mais ne contraint personne à le faire : c'est cette double condition qui rend possible le processus d'émancipation.

Conclusion

Dans le septième chapitre de son ouvrage *La société du malaise,* Alain Ehrenberg analyse « le langage de la dénonciation passionnée » qui caractérise, selon lui, le discours antilibéral des acteurs français du travail social. Il critique « les concepts de combat qui appellent à la résistance »[157] et affirme que « l'inégalité *sociale* de la distribution des capacités *personnelles* est le problème majeur des inégalités ». Il soutient que « l'enjeu est de savoir s'occuper des perdants ».

C'est la question essentielle que pose la volonté d'émancipation comme racine du politique. Pourquoi, au nom de quoi, en vertu de quel principe « s'occuper des perdants » ? Dans tous les autres domaines de la vie, ce qui compte, c'est ce qui marche, ce qui réussit ; l'échec s'élimine de lui-même ; il n'y a pas à « s'en occuper », sauf quand ses conséquences menacent les gagnants. Les sociétés qu'on pourrait appeler pré-politiques – par exemple les sociétés féodales ou monarchiques – valorisent le succès, la prestance, l'exploit, la prouesse. Ceux qui sont au bas de l'échelle – les serfs, les paysans, les mendiants, ou au Moyen-Âge les lépreux et les fous – méritent leur sort : ils n'ap-

157. A. Ehrenberg, *La société du malaise, op. cit.*, p. 398.

pellent pas la pitié, mais au contraire la plus grande rigueur. Aujourd'hui encore, une société technocratique ou méritocratique pourra vouloir donner à tous des chances égales afin de maximiser les capacités individuelles et favoriser ainsi la prospérité collective ; mais en aucun cas elle ne s'obstinera au-delà de ce qu'elle estime raisonnable, c'est-à-dire compatible avec l'intérêt majoritaire.

La spécificité du politique, s'incarnant dans la volonté d'émancipation, pourrait bien être justement de se préoccuper des perdants « au-delà du raisonnable », c'est-à-dire sans fixer de limites économiques ou techniques à cette préoccupation. Mais pourquoi vouloir émanciper, si l'on écarte les motifs de la pitié, l'attitude compassionnelle ou l'amour évangélique qui peuvent être tout à fait sincères, mais n'ont rien de politique ?

Dans un monde largement dominé par les passions et les intérêts, quelle *raison* y a-t-il de vouloir émanciper les hommes ? Cette volonté ne cache-t-elle pas une passion (désir de reconnaissance, de puissance ou de séduction) ou un intérêt (ambition démagogique, recherche du pouvoir) ? C'est en tout cas l'avis de nombreux critiques de l'égalitarisme, de Nietzsche à Baudelaire, de Stendhal à Raymond Aron (qui y voit « l'opium des intellectuels »).

La réalité, aussi bien sociale que naturelle, est caractérisée, et même constituée par l'inégalité. Il n'a pas été nécessaire d'attendre Darwin pour reconnaître que la vie dès son origine est faite d'équilibres fragiles, de confrontations conflictuelles des individus et des espèces. L'inégalité est partout ; toute chose, toute force, toute organisation peut être mesurée et comparée aux autres sous une multitude d'aspects. Le monde humain ne fait pas exception : si le concept d'égalité peut y avoir une validité – notamment dans les domaines économique, juridique et politique – ce ne peut être qu'en simplifiant, élaguant, rabotant la complexité des individus réels. Un homme ne peut être dit égal à un autre que parce qu'on considère en lui un noyau abstrait et bien déterminé – sa capacité à parler, à raisonner, à agir librement, à choisir, à contracter, etc. – et qu'on néglige tout le reste, à savoir toutes les singularités corporelles, psychiques, culturelles, sociales et autres qui sont autant d'inégalités potentielles : certains sont plus « forts », plus « volontaires » que d'autres, ou plus « passionnés », plus « énergiques », plus « entreprenants », ou « violents », ou « intelligents », etc. L'égalité ne concerne jamais qu'une part très limitée des individus – la part commune, à la manière de cercles se recoupant en une fraction réduite de leur aire.

Or la volonté d'émancipation consiste précisément à vouloir étendre cette part, sans limitation ni restriction. L'égalité politique et juridique, qui est désormais acquise dans les régimes démocratiques modernes, ne lui suffit pas. Il lui faut aussi

l'égalité des chances, puis celle des conditions. Contrairement à ce que prétendent ses détracteurs, elle ne vise pas à niveler ou uniformiser : l'égalité n'est pas la similitude. Tout au contraire, la volonté d'émancipation pense l'égalité comme une condition de la diversité maximale, alors que l'inégalité la réduit en l'enfermant dans des hiérarchies réductrices ou des statuts restrictifs.

Rapportée à la vérité du monde réel, l'exigence d'égalité apparaît utopique, en ce sens qu'elle est complètement « irréaliste », étrangère à la réalité et aux conditions de la coexistence mondaine. On peut dire qu'elle est *métaphysique,* si l'on entend par là une exigence étrangère aux données immédiates de l'expérience, apparaissant comme une *nouveauté* radicale vis-à-vis de tout ce qui se laisse connaître.

On peut même dire qu'elle est la seule volonté métaphysique. Toute autre volonté, en effet, est susceptible d'être interprétée comme résultant de facteurs purement empiriques. L'amour évangélique n'est peut-être que la manifestation sublimée du besoin animal de tendresse ; l'exigence de justice, l'effet du besoin d'imitation lié à l'existence de « neurones miroirs » dans le cerveau ; la pitié, l'expression de la capacité d'empathie caractérisant le fonctionnement biologique de notre organisme, et ainsi de suite.

Seule la volonté d'égalité, dans ce qu'elle a d'infini et de radical, est absolument étrangère à toute pulsion ou passion. Ce qu'elle vise, ce n'est pas seulement une égalité procédurale de traitement, ou la réciprocité dans les contrats, les délibérations, les comportements (« Ne fais pas à autrui ce que tu ne voudrais pas qu'on te fasse »). Elle vise aussi et surtout **une égalité d'accès aux valeurs, aux plaisirs, aux jouissances, c'est-à-dire à tous les bonheurs de la vie.** En ce sens, sa signification est fondamentalement et essentiellement pédagogique : elle postule que ce qui est bon pour moi doit aussi l'être pour tous ; elle étend le principe d'universalisation à tous les goûts, préférences, intérêts de l'existence.

Dans les conceptions habituelles de la justice – par exemple celle de Rawls – une distinction capitale est faite entre les biens qui relèvent des préférences individuelles (les manières de vivre, les goûts, les croyances, les choix professionnels, les intérêts artistiques, etc.) et ceux qui relèvent de la justice, comme les droits fondamentaux (liberté de penser, de s'exprimer, de se déplacer, de participer aux décisions communes, de recevoir une éducation, d'être soigné, de vivre dans des conditions décentes, etc.). L'émancipation concerne essentiellement les seconds : émanciper consiste à permettre à tous d'exercer les droits reconnus comme conditions d'une vie juste. En revanche, elle laisse de côté les premiers : chacun est libre d'aimer le rock ou la musique classique, les voyages ou la télévision, Balzac ou Marc Lévy, d'acheter une Citroën ou une Toyota, de préférer les vacances à la mer ou à la campagne, de voter Chirac plutôt que Mitterrand, d'être catholique ou athée, etc.

La volonté d'égalité, et donc d'émanciper, se concentre traditionnellement sur les seules capacités qui conditionnent l'accès aux droits fondamentaux : apprendre à penser, à exprimer son opinion, à argumenter, à se défendre, à gagner sa vie, à lutter contre tout ce qui opprime, aliène, exploite, etc. C'est la conception de beaucoup de militants politiques et de travailleurs sociaux. Du moment qu'il paye ses impôts, qu'il respecte les lois de son pays, qu'il se conduit honnêtement et respectueusement envers tous, chacun a le droit de dépenser l'argent qu'il gagne comme il l'entend, et s'il en a beaucoup, de le thésauriser ou de le gaspiller, d'acheter des biens ostentatoires (voitures de luxe, yachts, etc.) ou de le donner à des associations caritatives, de faire du mécénat ou de monter une entreprise.

La conjoncture actuelle montre à quel point cette position est devenue insoutenable. Choisir, quand on est riche, de vivre dans des parcs fermés et soigneusement gardés ; éduquer ses enfants dans des écoles privées avec d'autres du même milieu social ; acheter un bateau coûteux qu'on n'utilisera que quelques jours par an, dépenser pour un repas le montant d'un mois de salaire d'un ouvrier, tout cela est de moins en moins admis, alors que c'est parfaitement légal.

Il faut donc introduire le principe d'universalisation dans des domaines où jusqu'ici il était absent. Acheter, consommer, jouir d'un bien ou d'un service, se consacrer à un loisir, un sport, une activité culturelle, tous ces actes ne relèvent pas seulement de l'arbitraire des goûts et préférences individuelles. Ils impliquent la reconnaissance d'une excellence intrinsèque qui se donne comme valable universellement, et doit pouvoir être partagée par tous.

La volonté d'émancipation n'est pas seulement la volonté que tous aient les capacités permettant de vivre d'une manière autonome, au sens plein de ce terme. Elle est aussi l'exigence pédagogique de donner à tous la possibilité d'aimer ce que j'aime, comprendre ce que je comprends, apprécier ce que j'apprécie, désirer ce que je désire.

Il en va ici comme du jugement esthétique analysé par Kant : il montre que le sentiment du beau n'est pas une jouissance solitaire ou élitiste (« des goûts et des couleurs on ne discute pas ») mais une activité conversationnelle, une pratique sociale et éducative. Elle appelle, « exige l'adhésion »[158] ;

158. E. Kant, *Critique de la faculté de juger*, § 7.

elle « recherche l'assentiment de chacun »[159], elle oblige à la discussion, à la confrontation des jugements[160]. Pareillement, tout intérêt, toute passion, toute inclination, de par sa normativité essentielle, déborde le cadre de la simple occupation ou du simple choix singulier. Ils se donnent comme des exigences impliquant une intentionnalité pédagogique, donc toujours déjà quelque peu politique. On a envie, non seulement qu'ils soient respectés ou reconnus par autrui, mais partagés. L'envie d'en parler, d'en faire un sujet de conversation, d'en expliquer les raisons et les subtilités, témoigne de cette extraversion fondamentale. Alceste, qui se dit pourtant misanthrope, ne cesse de parler de Célimène à son ami Philinte et de justifier la passion qu'il a pour elle. Les personnages de Marivaux ne cessent de discuter, partager, confronter les sentiments amoureux qu'ils éprouvent. Solal, dans *Belle du Seigneur,* ou Swann, dans *Un amour de Swann,* ne cessent de s'étonner du comportement de la femme qu'ils aiment et tentent de la convaincre d'en changer.

La volonté d'émancipation n'est que l'expression formalisée et organisée de cette intentionnalité primordiale. C'est pourquoi elle ne saurait demeurer l'apanage de services spécialisés, d'institutions

159. *Ibid.,* § 8.

160. *Ibid.,* § 56.

dédiées, d'associations militantes se consacrant à ce qu'on nomme « l'éducation populaire ». Elle est l'affaire de tous et de chacun dans ses activités quotidiennes – sa manière d'être, de consommer, de se distraire, de se rapporter aux autres. **Toute passion, toute occupation, toute inclination possède une visée émancipatrice dans la mesure où elle veut pour tous ce qu'elle veut pour soi ;** où elle revendique la validité inconditionnelle de son objet ; où elle comporte, au moins implicitement, les voies et moyens de convertir chacun à son exigence.

Une société peut prendre en compte cette visée, et par son organisation, ses lois, ses institutions, la favoriser ; elle peut au contraire l'ignorer, voire la refouler en considérant qu'il s'agit d'une sphère purement privée où le politique n'a pas à intervenir. Dans le premier cas on peut parler d'une « société pédagogique » qui incite à l'émancipation mutuelle de ses membres et vise par là même l'émancipation de tous. Dans le second cas, il s'agit d'une société qui, si démocratique soit son fonctionnement, conçoit l'émancipation comme une tâche technique parmi d'autres, concernant des populations particulières prises en charge par des services spécialisés.

Il faut donc, en dernier ressort, dissocier les deux notions de démocratie et d'émancipation, qu'on a souvent tendance à associer. Une démocratie n'est pas forcément animée d'une volonté émancipatrice. Elle peut respecter scrupuleusement les règles et procédures démocratiques, tout en n'accordant à ses minorités « défavorisées » que le minimum nécessaire pour maintenir l'ordre et la cohésion sociale. Inversement, la volonté émancipatrice peut surgir ailleurs que dans un contexte démocratique : on l'a vu à l'œuvre dans les dictatures sud-américaines, et aujourd'hui dans des sociétés qui sont loin d'être démocratiques. Cette distinction renvoie aux deux significations du concept d'égalité que nous avons analysées : la démocratie se fonde sur une égalité de coexistence, postulant un noyau minimal commun et restreint (la raison, la liberté, la sensibilité, etc.) chez tous les individus, malgré leurs différences et inégalités par ailleurs. L'émancipation en revanche se fonde sur une **égalité pédagogique,** jaillissant de la normativité intrinsèque à tout désir, goût, passion ou inclination ; elle est par principe illimitée et infinie.

Références bibliographiques

Algan Yann, Cahuc Pierre, Zylberberg André, *La fabrique de la défiance... et comment s'en sortir,* Albin Michel, 2012.

Alter Norbert, *L'innovation ordinaire,* PUF, 2013.

Ambroise-Rendu Anne-Claude, Delporte Christian, *L'indignation, Histoire d'une émotion politique et morale,* Nouveau Monde éditions, 2008.

Arendt Hannah, *Qu'est-ce que la politique ?* Points Essais, 2001.

Aristote, *Politiques,* I, 5, Nathan, 2009.

ATD Quart-Monde, Pascal Percq, *Quelle école pour quelle société ?* Chronique sociale, 2013.

Aubenas Florence, *Le quai de Ouistreham,* Éditions de l'Olivier, 2010.

Boltanski Luc, Chiapello Ève, *Le nouvel esprit du capitalisme,* Gallimard, 1999 ; nouvelle édition, 2011.

Boltanski Luc, *De la critique,* Gallimard, 2009.

Boncourt Martine, *Moi, maîtresse,* Matrice, 2004.

Boncourt Martine, *C'est pas moi Maîtresse !* In Octavo, 2010.

Bourdieu Pierre, *Méditations pascaliennes,* Le Seuil, 2003.

Buclin Hadrien, Daher Joseph, Georgiou Christakis, Raboud Pierre (dir.), *Penser l'émancipation,* La Dispute, 2013.

Collectif, *Pédagogie : éducation ou mise en condition ?* Maspero, 1971.

Condorcet, *Esquisse d'un tableau historique des progrès de l'esprit humain,* GF-Flammarion, 1988 ; nouvelle édition, 1998.

Condorcet, *Cinq mémoires sur l'instruction publique,* GF-Flammarion, 1994.

Coutel Charles, *À l'école de Condorcet,* Ellipses, 1996.

Crozier Michel, *Le phénomère bureautique,* Le Seuil, 1963.

Cukier Alexis, Delmotte Fabien, Lavergne Cécile (dir.), *Émancipation, les métamorphoses de la critique sociale,* Éditions du Croquant, 2013.

Cyrot Pascal, Jeunesse Christophe, Crisol Denis, *Renforcer l'autoformation,* Chronique sociale, 2013,

Douard Olivier, Poujol Virginie, *De la puissance sociale à l'émancipation,* Texte préparatoire au séminaire « Émancipation », LERIS, 2012.

Ehrenberg Alain, *La société du malaise,* Odile Jacob, 2012.

Epictète, *Manuel,* GF Flammarion, 1997 ; nouvelle édition, Nathan, 2010.

Ferrand Claude, *Le croisement des pouvoirs,* Éditions Quart-Monde/Éditions de l'Atelier, 2008.

Foucault Michel, *Histoire de la sexualité, Tome 3 : Le souci de soi,* NRF Gallimard, 1984.

Foucault Michel, « Deux essais sur le sujet et le pouvoir », *in* Dreyfus Hubert et Rabinow Paul, *Michel Foucault, Un parcours philosophique,* Gallimard, 1984.

Ferrand Claude (dir.), *Le croisement des pouvoirs,* Éditions Quart-Monde/Éditions de l'Atelier, 2008.

Freinet Célestin, *Pour l'école du peuple,* Maspero, 1969.

Freire Paulo, *Pédagogie des opprimés,* Maspero, 1974 ; nouvelle édition, La Découverte, 2001.

Galichet François, *L'éducation à la citoyenneté,* Anthropos, 1998.

Galichet François (dir.), *Citoyenneté, une nouvelle alphabétisation ?* SCEREN, 2003.

Galichet François, *L'école lieu de citoyenneté,* ESF, 2005.

Hirschman Albert, *Face au déclin des entreprises et des institutions,* Les Éditions Ouvrières, 1972.

Kant Emmanuel, *La philosophie de l'histoire,* Médiations, Gonthier, 1947 ; nouvelle édition, Hermann, 2011.

Kant Emmanuel, *Réponse à la question : Qu'est-ce que les Lumières ?* Gonthier, 1947 ; nouvelle édition, Hatier, 1999.

Kaufman Jean-Claude, *L'invention de soi,* Armand Colin, 2004.

La Boétie Étienne (de), *Discours de la servitude volontaire,* Mille et une nuits, 1995 ; nouvelle édition, 2000.

Lamont Michelle, *La morale et l'argent,* Métailié, 1995,

Lordon Frédéric, *Capitalisme, désir et servitude,* La Fabrique, 2010.

Marx Karl et Engels Friedrich, *L'idéologie allemande,* Les Éditions Sociales, 1962 ; nouvelle édition, 2012.

Marx Karl, *Manuscrits de 1844,* Les Éditions Sociales, 1968 ; nouvelle édition, Flammarion, 2006.

Maurel Christian, *Éducation populaire et puissance d'agir – Les processus culturels de l'émancipation,* L'Harmattan, 2010.

Paul (saint), *Épître aux Romains,* 7, Flammarion, 1987.

Philippon Thomas, *Le capitalisme d'héritiers,* Le Seuil, 2007.

Rancière Jacques, *Le maître ignorant,* Fayard, 1987 ; nouvelle édition, 2001.

Rancière Jacques, *Aux bords du politique,* Folio Essais, 1998 ; nouvelle édition, 2004.

Segrestin Blanche, Hatchuel Armand, « Pour un nouveau droit de l'entreprise », in Collectif, *La République des Idées, Refaire société,* Le Seuil, 2011,

Spinoza Baruch, *Traité théologico-politique,* Hatier Profil, 1993 ; nouvelle édition, 2011.

Spinoza Baruch, *Éthique,* LGF, 2011.

Stirner Max, *L'Unique et sa propriété,* La Table Ronde, 2000.

Tozzi Michel, *Penser par soi-même,* Chronique Sociale, 2011.

Comprendre les personnes

Ev - Les étapes du développement de la personnalité

* **Le bébé et ses parents. 0 à 18 mois** A. Guillotte – 3e éd.
* **1 à 3 ans. Vers une personnalité autonome –** J.-F. Skryppczak – Roland Burlet – 3e éd.
* **3 à 6 ans. L'enfant metteur en scène de sa vie –** A. Guillotte – T. Lardier – 3e éd.
* **Œdipe (L'). Moyen de libération –** C. Maccio – Cl. Régnier – 104 pages – 2e éd.
* **5-12 ans. Les enfants et leur enfance** M. Richard – 104 pages – 4e éd.
* **11-15 ans. Les enjeux d'une révolution –** A. Donval – O. Thibault – R. Gattegno – 112 p. – 6e éd.
* **14-18 ans – L'adolescence** – M.-F. Jallade – 3e éd.

* * *

Es * **À l'écoute des mots de la démence** I. Vendeuvre-Bauters – 222 p.
Es * **À l'écoute du symptôme IVG** – B. Avon – 168 p.
Es * **Abécédaire de la bien-traitance en multi-accueil** – A. Deroo – 88 p.
Es * **Accéder à son intériorité** - H. Petit-Pillie - 144 p.
Es * **Accepter ses émotions** – C. Demey-Guillard – 96 p.
Es * **Accompagnement de la personne âgée avec l'approche centrée sur la personne** - M. Pörtner - 192 p.
Es * **Accompagnement érotique et handicap** C. Agthe-Diserents & F. Vatré – 160 p.
Es * **Accompagner la professionnalisation des Assistantes maternelles** — F. Champlong — 112 p.
Es * **Accompagner l'enfant atteint de troubles d'apprentissage** - M.-J. Pétiniot - 272 p.
S * **Accompagner l'enfant trisomique** D. Vaginay – 240 p. – 2e éd.
S * **Accompagner la maladie d'Alzheimer** M. Personne – 208 p.
Es * **Accompagner la surdité de son enfant –** M.-L. Boinon – 96 p.
Es * **Accompagner le bébé souffrant** - B. Colineau - 192 p.
Es * **Accompagner le vieillissement** D. Thiebault – 96 p.
Es * **Accompagner les personnes âgées avec l'approche centrée sur la personne** – M. Pörtner –112 p.
Es * **Accompagner les personnes handicapées à domicile** – Y. Lacroix – 284 p.
Es * **Accompagner un enfant autiste —** N. Poirier & C. Kozminski — 168 p.
Es * **Accompagner vers la parentalité les personnes en situation de handicap** - B. Morin - 144 p.
Es * **Accomplir sa vie** – A. Gromolard – 144 p.
Es * **Accroître le soin relationnel** B. Cuisinier – 368 p. – 2e éd.
Es * **Accueillir les besoins psychiques de l'adulte vieillissant** – V. Robichaud – 160 p.
Es * **Adolescence : les clefs pour comprendre** Collectif – 212 p.
S * **Adoption (L')** – A. Decerf – 190 p. – 2e éd.
Es * **Aider les enfants en difficultés d'apprentissage** J.-C. Juhel – 364 p.
Es * **Aider son enfant à surmonter le mutisme sélectif** **A. E. McHolm & C. E. Cunningham & M. K. Vanier – 192 p.**
Es * **Aides-soignant(e)s en gériatrie** A.-M. & A. Crépet – 200 p.
Es * **Allaiter et reprendre le travail,** V. Darmangeat – 160 p.
S * **Alzheimer, l'aide aux aidants** J. Gaucher – G. Ribes – T. Darnaud – 144 p.
Es * **Alzheimer et vulnérabilité**- N. Kopp &P. Krolak-Salmon - 240 p.
Es * **Alzheimer system** – C. Eyanrd, 224 p.
Es * **Animer un atelier de réminiscence** A. Goldberg – 160 p. – 4e éd.
Es * **Art de dire non (L')** – J. Juul – 64 p.
Es * **Art et lien social** – Gérard Bonnefon – 144 p.
Es * **Art dramatique et déficience intellectuelle** J. Doyon – 128 p.
Es * **Art-thérapie et maladie d'Alzheimer –** C. Hof – 120 p.

Es * **Atelier collage** – C. Hof – 128 p.
Es * **Atelier d'écriture et personnes âgées –** M. Janvier – 160 p. - 2e éd.
Es * **Autisme, un jour à la fois (L')** N. Poirier et C. Kozminski – 200 p.
Es * **Autonomie et handicap moteur** A. Loher-Goupil – 148 p.
Es * **L'avortement et le lien maternel** I. Tamian-Kunégel – 144 p. – 2e éd.
Es * **Ce que nous enseignent les malades d'Alzheimer –** L. Ploton – 144 p.
Es * **Choisir sa vie, Vivre ses choix –** P. Lefèvre – 104 p.
Es * **Chronique d'une mort refusée** – J.-L. Gay – 160 p.
Es * **Comment élever un enfant sans se/le jeter par la fenêtre** – D. Vaginay – 238 p.
Es * **Comment en finir avec les persécutions à l'école** G. Deboutte – 176 p.
Es * **Communiquer avec des personnes âgées –** M. Perron – 176 p. – 4e éd.
Es * **Communiquer avec des personnes âgées atteintes de la maladie d'Alzheimer –** J. Grisé – 86 p.
Es * **Comprendre la culture arabo-musulmane** – X. Remacle – 176 p. – 2e éd.
S * **Comprendre la culture hindoue** – B. Tison – 208 p.
Es * **Comprendre la psychiatrie communautaire** – H. Lasserre – 96 p.
S * **Comprendre la sexualité de la personne handicapée mentale** – D. Vaginay – 199 p. – 3e éd.
Es * **Comprendre le vieillissement** – *Libérer ses peurs – Apprivoiser sa vieillesse* – D. Thiébaud – 98 p.
Es * **Comprendre le mutisme sélectif** E. Shipon-Blum – 144 p.
S * **Comprendre les jeunes** – S. Bévillard – 112 p.
Es * **Conflits amoureux** – F. Sveid, 168 p.
S * **Corps (Le) – Rôle et parole** – M.-L. Latour – 184 p.
S * **Corps en thérapie (Le)** —P. Matrat — 160 p.
S * **Courants de la psychologie (Les)** M. Richard – 292 p. – 3e éd..
Es * **Créer une alliance thérapeutique** - J.-D. Lalau - 96 p.
Es * **De la maltraitance à une relation de traitance** - T. Darnaud - 96 p.
Es * **Découvrir les atouts de la dyslexie** - D. Eberlin - 88 p.
Es * **Dessine-moi un parent** – A. Deroo – 152 p.
S * **Du je au nous** – Construire notre humanité – P. Lefèvre – 160 p.
Es * **Du paraître à l'être** – C. Hyerlé – 176 p.
Es * **Du rituel autistique à la construction du désir** – A. Decerf – 192 p.
Es * **Dynamiser les pratiques professionnelles de la petite enfance** – M.-P. Thollon-Behar – 80 p.
Es * **L'écoute réciproque** – A. Gromolard – 104 p.
Es * **Écouter l'autre** – Tant de choses à dire – A. Vannesse – 96 p. – 4e éd.
Es * **Écouter, comprendre, encourager** M. Pörtner – 192 p.
Es * **Écouter pour accompagner** - P. Reboul - 240 p.
Es * **Écouter son corps avec la sophrologie –** J. Prévost – 224 p. poche
Es * **Éduquer son enfant en cuisinant** – M. Gilbert – 136 p.
Es * **Enfances populaire, Invisibles enfances –** S. Blanchet – 128 p.
Es * **Enfant meurtri (L')** – S'en sortir sans rancune – G. Le Thi Mui – 160 p.
Es * **Enfants, adolescents maltraités, maltraitants** – B. Tison – 208 p.
Es * **Épileptique... et alors ?** - J.-R. Plaussu - 208 p.
Es * **Escales vers soi –** C. De Mey-Guillard – 96 p. Poche
Es * **Être femme sur le chemin de Compostelle –** G. Dutey – 160 p.
S * **Être malade et apprendre** – O. Delorme – 224 p.
S * **Être père malgré tout** – C. Dufourcq-Chappaz – 192 p.
Es * **Éveil à l'enfant (L')** – C. Bopp-Limoge – 448 p.
S * **Face aux ruptures de vie** – IRDC Vittoz – 112 p.
Es * **Favoriser le développement de l'enfant –** J.-C. Juhel – 240 p.
Es * **Femmes en errance – De la survie à l'existence** Ass. Femmes SDF (Grenoble-38) – 120 p.
Es * **Femmes musulmanes** – J. Criscuolo – 128 p.
Es * **Fonctionnements autistiques chez l'adulte** - M. Brioul - 448 p.
Es * **Grandir dans l'ombre d'un parent alcoolique** J. Allain-Vovard – D. Demaria – 112 p.
Es * **Groupes sectaires totalitaires (les)** M. Bouderlique – 112 p.
Es * **Guérir de l'inceste** – M. Cauvent – 112 p.
Es * **Habiter son corps, découvrir son**

être — M. Bussillet – 168 p. - 2e éd.

Es * **Handicap et domicile** — P. Dreyer – 144 p.

Es * **Heureux en crèche** – A. Deroo, 64 p.

Es * **Histoire(s) de vieillir debout** — J. Maslowski – 208 p.

Es * **Imaginer et réaliser** – La marmite des professionnels en gériatrie – N. Lairez-Sosiewicz – 112 p.

S * **Impact familiale de la maladie d'Alzheimer (L')** T. Darnaud – 160 p.

Es * **Initiation aux thérapies cognitives et comportementales** – C. De Mey-Guillard – 144 p.

Es * **Intervenir en milieu familial** G.-J. Larocque – 124 p.

Es * **Intervenir en situation de crise suicidaire** – C. Lafleur – M. Seguin – 124 p. + CD

S * **Intimité, secret professionnel et handicap** Collectif – 192 p.

Es * **Introduction à la psychanalyse de Freud** – M. Dethy – 152 p. – 6e éd.

Es * **Introduction à la psychanalyse de Lacan** – M. Dethy – 152 p. – 5e éd.

Es * **Introduction à la psychanalyse de Reich** – J. Lesage de La Haye – 128 p.

Es * **Introduction à la psychologie d'Adler** – C. Rager –176 p.

Es * **Introduction à la psychothérapie populaire de Freud** – A. Appreau & H. Lasserre – 96 p.

Es * **Itinéraires d'insertion** – M. Debard – 160 p.

Es * **J'ai le cancer, et alors ?** – C. Litt – 176 p.

Es * **Je ne suis pas fou** – J. Bierhanz & Y. Foletti – 80 p.

Es * **Je suis précoce – Mes parents vont bien** – E. Autain-Pleros – 72 p. - 3e éd.

Es * **Lien corps psychisme** – C. Guyon-Gellin & A. Leca – 160 p.

Es * **Livre du Moi (Le)** – Ch. Staquet – 160 p.

S * **Maladie d'Alzheimer** – À l'écoute d'un langage - Dr L. Ploton – **176 p. – 4e éd.**

Es * **Maladie d'Alzheimet - Vers un équilibre aidants-aidés** - A. Brouard - 144 p.

Es * **Maladies psychosomatiques et troubles de la sexualité** – M. Dethy – 120 p.

Es * **Mieux comprendre nos désirs** – De la naissance à la fin de vie – Dr P. Lefèvre – 256 p.

Es * **Mieux vivre nos comportements** – M.. Graner– 240 p.

Es * **Mon adolescent m'inquiète** - J. Bergeret, M. Houser - 144 p.

Es * **Mort dans ma vie - Des mots pour en parler (La)** - Jalmalv - 192 p.

Es * **Musique, thérapie et animation** C. Rivemale – 158 p.

Es * **Ne pas avoir peur de la psychopathologie** - L. Ploton - 176 p.

Es * **Oser proposer une autre alimentation aux personnes âgées fragilisées** - M. Perron – 176 p

Es * **Pages de vie en maison de retraite** A. Duponchelle & G. Elschner – 176 p.

S * **Papé et sa maison de retraite** – T. Darnaud – 208 p.

Es * **Parler pour exister** – Créer des espaces de parole – C. Bizet – 208 p.

Es * **Parole d'enseignante** – L'école, les belles et la Bête – A. Peignault – M.-P. Degois – 288 p.

Es * **Parole de bénévoles** – ass. EERIGE - 80 p.

Es * **Parole de jeune** – J'ai mal à ma France – A. Ly & M. Gay – 192 p.

Es * **Parole de suicidaires** – Patrick, Annie et quelques autres – 136 p.

Es * **Partir de l'enfer conjugal** - A.-M. Garcia - 96 p.

Es * **Partir en mission humanitaire** – Expatriation ? Coopération ? Don volontaire ? – B. Tison – 160 p.

Es * **Pèleriner vers Compostelle** – G. Dutey – 192 p.

S * **Personne âgée (La)** – L. Ploton – 256 p. – 7e éd.

Es * **Personne autiste et le syndrome d'Asperger (La)** – J.-C. Juhel – 312 p.

Es * **Personne ayant une déficience intellectuelle (La)** – J.-C. Juhel – 446 p

Es * **Polytoxicomanie** – Adefi – 208 p.

Es * **Pour une éducation de la liberté** C. Maccio – 208 p. – 4e éd.

Es * **Pratiques psychologiques : enjeux éthiques et déontologiques** – B. Tison – 224 p.

Es * **Pratiques sportives et handicaps** Joël Gaillard – 176 p.

Es * **Prendre sa vie en main** – A. Gromolard – 128 p. – 4e éd.

Es * **Processus clinique en éducation spécialisée** – M. Landry – 358 p.

S * **Psychologie de la désadaptation** – J. Ratté – 402 p.

Es * **Psychomotricité au service de la personne âgée** – J.-C. Juhel – 236 p.

Es * **Réaliser un projet accueil petite enfance –** C. Schuhl – 120 p. – 6e éd.

Es * **Reconnaître le handicap psychique** R. Baptiste – 168 p.

S * **Re-créer les liens familiaux** M. Savourey – 192 p. – 3e éd.

Es * **Redéfinir les fondamentaux de la psychanalyse** – M. Dethy – 128 p.

Es * **Réfléchir sa trajectoire de vie** – A. Terrien – 192 p.

S * **Regarde... ton enfant est compétent –** J. Juul – 192 p.

Es * **Relais asistants maternels et respect de la diversité** - ESSSE - M. Mony - 112 p.

Es * **Relation d'aide (La)** – L. Tremblay – 192 p.

Es * **Remédier aux douces violences** – C. Schuhl – 80 p. - 2e éd.

Es * **Renaître orphelin** – F. F. Valet – 192 p.

Es * **Repérer et éviter les douces violences –** C. Schuhl et D. Dugas – 80 p. BD

Es * **Re-trouver l'estime de soi** C. Bizouard et D. Roche – 128 p.

Es * **S'épuiser ou se construire** – J. Bopp – 96 p.

Es * **Se reconstruire face à un cancer du sein –** J. Jehane – 128 p.

Es * **Se savoir accompagné sur le chemin de Compostelle** – G. Dutey – 112 p.

Es * **Secrets intimes – Secrets de famille** M. Quesnoy-Moreau – 112 p.

Es * **Sectes – Les manipulations mentales** – M. Bouderlique – 128 p. – 3e éd.

Es * **Sexualité et vieillissement** – G. Ribes – 144 p.

Es * **Soignants en gériatrie** – A. Crépet – 288 p.

S * **Sophrologie en pédopsychiatrie** J.-F. Fortuna – 208 p.

Es * **Subir ou rebondir après une agression –** C. De Mey-Guillaud & S Raguin – 128 p.

Es * **Surmonter la mort de l'enfant attendu –** É. Martineau – 136 p.

Es * **Taire et transmettre –** M. Lani-Bayle – 192 p.

Es * **Traces de vie –** M. Lani-Bayle, É. Lilet – 192 p.

Es * **Travailler la diversité en accueil de jeunes enfants** – ESSSE – 112 p.

S * **Trisomie 21** – D. Vaginay et coll. – 224 p.

Es * **Vie de la personne âgée (La)** – A. Ladret – 128 p.

Es * **Vie quand même (La)** - É; & É; de Gentil-Baichis - 160 p.

Es * **Vieillir en institution** – N. Lépine – 176 p.

Es * **Vieillissement et érosion des défenses** - R. Salicrù - 128 p.

Es * **Vivre après l'accident** J.-L. Simon – 152 p. – 2e éd.

Es * **Vivre avec des personnes âgées –** C. Pichaud – I. Thareau – 208 p. – 4e éd.

Es * **Vivre avec son handicap** – J. Criscuolo – 160 p.

Es * **Vivre en couple** - G. Valla Chevalley - 112 p.

Es * **Vivre en crèche** – C. Schuhl – 80 p. – 13e éd.

Es * **Vivre l'animation auprès des personnes âgées** N. Lairez-Sosiewicz – 144 p. – 5e éd.

Es * **Vivre la boulimie** – S. Riéty – 160 p. – 2e éd.

Es * **Vivre la retraite avec sérénité V. Robichaud – 208 p.**

Es * **Vivre la sexualité – Encyclopédie illustrée –** D. Vaginay – Daniel Balvet – 176 p.

Es * **Vivre mieux au quotidien** F. Gibert, C. Guyon-Gelin & A. Leca – 128 p.

S * **Vivre sa grossesse et son accouchement –** I. Brabant – 440 p. – Nouvelle édition revue.

S * **Vivre sans toi –** Coordonnée par A. Triponel & N. Hamza – 284 p. - 2e éd.

Es * **Vivre une relation d'aide** C. Pichaud – 192 p. – 2e éd.

Es * **Voyage intérieur Recueil 1** – J.-Y. Bonnamour 192 p. – 5e éd.

Es * **Voyage intérieur Recueil 2** – J.-Y. Bonnamour 200 p.

Comprendre la société

S * **15 ateliers pour se former à une culture de paix –** O. & M. Neumeyer – 240 p.

Es * **32 défis géopolitiques du XXIe siècle –** Prométhée contesté – J.-S. Tabournel – 144 p.

Es * **A-t-on encore le droit d'être fragile ?** - F. Poché - 168 p.

Es * **Accompagnement à tous les âges de la vie –** ADAJ – 48 p.

S * **Accompagner l'enfant incasable et sa famille –** A. de Soto – 200 p.

Es * **Accueillir les jeunes migrants** - J. Bricaud - 224 p.

S * **Acteur dans la ville, acteur dans la vie –** C. Bopp-Limoge – 350 p.

S * **Agir avec Joseph Wresinski** M.-H. Dacos-Burgues – 320 p.

Es * **Agir contre les injustices** – C. Maccio – 128 p.

Es * **Allez ! en sport !** – J.-L. Boujon, J.-M. Sautreau, 104 p. - Poche

Es * **Apprendre avec plaisir** – Refonder des relations sociales – D. Rambaud – M. Jeannerat – 160 p.

Es * **Apprentissages militants** – H. Lethierry – 336 p.

Es * **Art à la rencontre de l'autre (L')** – M. Meirieu & C. Hurtig-Delattre – 336 p.

Es * **Du Big-Bang à l'Homme moderne –** C. Faure – 104 p.

Es * **Changer le social ?** – R. Baptiste – 192 p.

Es. * **Chômage de longue durée – Emploi précaire** – P. Valentin – 176 p.

Es * **"Chose publique" ou l'invention de la politique (La)** – P. Dujardin – 40 p.

Es * **Cinquième République (La)** – G. Thevenon - 272 p.

Es * **Combattre les exclusions –** M. Falisse – 176 p.

S * **Comprendre et gérer les conflits dans les entreprises et les organisations –** P. Rousseau – 172 p.

Es * **Comprendre l'action des sectes** M. Bouderlique – 144 p. – 2e éd.

Es * **Comprendre l'économie politique** Y. de Wasseigne – 288 p.

Es * **Comprendre l'histoire de la Vie** A. Steiger – 224 p.

Es * **Comprendre l'impact des jeux vidéo** – M. Chambler-Dubosson – 120 p.

Es * **Connaître et dynamiser sa commune –** M. Robin – 184 p.

S * **Construire des actions collectives** B. Dumas – M. Séguier – 232 p. – 3e éd.

Es * **Construire des pratiques éducatives locales** – V. Berthet – L. Filaud-Jirari – 128 p.

Es * **Courants de la médiation familiale** – Col. - 192 p.

Es * **Créativité et innovation dans les entreprises et les organisations** – R. Remouchamps – F. Tilman 160 p.

Es * **Culture religieuse, T. 1 – De la préhistoire aux débuts du christianisme** – J. Cordonnier – 120 p.

Es * **Culture religieuse, T. 2 – De l'Église des premiers siècles aux guerres de religion** J. Cordonnier – 136 p.

Es * **Culture religieuse, T. 3 – Des guerres de religion à la guerre de 1914** – J. Cordonnier – 160 p.

Es * **Culture religieuse, T. 4 – Religions et croyances actuelles** – J. Cordonnier – 272 p – 2e éd.

Es * **Culture religieuse, T. 5 – Dérives religieuses** – J. Cordonnier – 144 p.

Es * **Culture religieuse, T. 6 – Mythologie païenne et Christianisme** – J. Cordonnier – 176 p.

Es * **Dans les coulisses du travail social** – J. Régi – 128 p.

Es * **De la personne prise en charge à la personne prise en considération** – D. Mautuit – 192 p.

S * **Développer des pratiques communautaires en santé et développement social –** B. Goudet – 352 p.

Es * **Développer l'éthique et le travail social** – R. Baptiste & B. Caubère – 240 p.

Es * **Devenir acteur du changement** – B. Quasnik – 128 p.

S * **Dictionnaire des solidarités** P. Ansay – A. Goldschmidt – 264 p.

Es * **Diriger un foyer jeunes travailleurs** – C. Hermet 192 p.

Es * **Don et bientraitance** – P. Poirier - 192 p.

Es * **Donner toute sa chance à l'école** – Collectif – 96 p.

Es * **Échanger nos savoirs à Meaux** – collectif – 304 p.

Es * **École en rire, en pleurer, en rêver** - P. Frackowiak - 112 p.

Es * **Éducation spécialisée** - G. Bonnefon - 176 p.

Es * **Éloge de l'éducation lente**– J. Domènech Francesch – 128 p.

Es * **Entrer dans un monde de coopération** - C. Marsan - 272 p.

D * **L'entreprise démocratique** J. Benoit – D. Yurkievich – 192 p.

Es * **Être bénévole** – P. Dreyer — 288 p.

Es * **Être développeur de territoire** M. Vandewynckle & J. Licata – 112 p.

S * **Faire avec l'objet** – J.-P. Filiod – 224 p.

Es. * **Faire (re)naître la démocratie** - Collectif - 112 p.

Es * **Familles et professionnels de l'action sociale**

Fondation d'Auteuil – 448 p.
Es * **Genèse et Évolution** – A. Steiger – 112 p.
Es * **Guide pratique d'éducation à l'environnement** Réseau École – Nature – 368 p.
Es * **Handicap et cinéma** – G. Bonnefon – 112 p.
Es * **Histoire des États-Unis** – Y. Bourdon – J. Lamarre – 278 p.
Es * **Histoire de la civilisation occidentale** – G. Langlois – G. Villemure – 338 p.
Es * **Homme et la culture (L')** – J. Billaud – 128 p.
S * **Intervention du travailleur social (L')** – P. Weber – 336 p.
S * **Introduction à la littérature française** – J. Beauté – 200 p.
S * **Introduction au travail social** – Y. Hurtubise & J.-P. Deslauriers – 256 p.
Es * **JAC/MRJC** – Collectif – 424 p.
Es * **La Laïcité – Une exigence pour la paix** – A. Samuel – 208 p.
Es * **Le principal, il nous aime pas** – R. Félix – 208 p.
Es * **Lettre ouverte au ministre de l'Éducation nationale** – S. Grandserre – 64 p. — Poche
D * **Ma commune à l'école du développement durable** – P. Bouquet – 160 p.
S * **Maîtriser les mutations techniques** – C. Maccio – 312 p.
Es * **Manuel d'alcoologie sociale** Y. Coulombier – 112 p.
Es * **Manuel d'initiation à l'interculturel** – G. Berbunt – 112 p.
S * **Médiation familiale** – C. Denis (dir.) – 336 p.
S * **Les médiations du travail social** M.-F. Freynet – 304 p. – 4e éd.
Es * **Le "métier" d'élu local** – É. Savary – 192 p.
Es * **Migrations internationales et marché du travail** – Collectif – 208 p.
Es * **Mode d'emploi de la civilisation planétaire** – E.-J. Duits – 128 p. poche
Es * **Notre santé – Une école de vie** – M. Pohier – 240 p.
Es * **Nouvelles pratiques philosophiques** – M. Tozzi – 352 p.
Es * **Organiser la résistance sociale** – F. Poché – 96 p.
Es * **Oser de nouveaux réflexes professionnels** – C. Bousquet et A. Marxer – 240 p.
Es * **Parier sur la réciprocité** – Collectif – 368 p.
S * **Partager les savoirs, Construire le lien** Collectif – 352 p.
S * **Pédagogie du développement social** – J.-L. Graven – 240 p.
Es * **Pédagogie sociale** – L. Ott – 112 p.
Es * **Penser, agir, vivre autrement en démocratie** – Collectif pacte civique – 128 p. - 4e éd.
Es * **Penser, apprendre agir en réseaux** – C. & M. Héber-Sufrin – 104 p. - 2e éd.
Es * **Penser l'éducation avec la diversité** - ESSSE - M. Mony - 256 p.
Es * **Penser l'éducation populaire** – G. Bonnefon – 112 p.
S * **Pérennité au travail** – Collectif – 304 p.
Dé * **Petit lexique à l'usage du travailleur social** – T. Darnaud – G. Hardy – 128 p.
Es * **Plaisir d'aller à l'école** - C. Héber-Suffrin - 240 p.
Es * **PNL et relation d'aide** – J.-M. Ferey – 224 p.
Es * **Pratiquer la santé communautaire** – Institut Th. Renaudot – 144 p.
S * **Promouvoir le dialogue interreligieux** – M. Joinville-Ennezat – 192 p.
Es * **Protection de l'enfance et de la jeunesse** - Collectif - 304 p.
Es * **Quelle école pour quelle société ?** - ETD Quart Monde - 208 p.
Es * **Question du logement (La)** – P. Latreille – 160 p.
Es * **Relever les défis de l'Éducation nouvelle** – O. et M. Neumayer – E. Vellas – 272 p.
S * **Les religions aujourd'hui** A. Samuel – 368 p. – 4e éd.
Es * **Religions et croyances actuelles** – Culture religieuse, T. 4 – J. Cordonnier – 272 p – 2e éd.
S * **Les sciences humaines en mouvement** – L'humanité face aux changements – C. Maccio – 336 p.
Es * **S'approprier les clés de la mutation** - C. Marsan - 384 p.
Es * **(Se) former à la santé communautaire** – P. Deconstanza – 136 p.
Es * **S'initier à la sociologie** – J. Feschet – 224 p.

S * **Solidarité par le partage du travail et des revenus** C. Maccio – 304 p.
Es * **Souffrance au travail** – CFDT France Télécom, C. Dejours — 96 p.
S * **Tourisme responsable** – A. Laurent – 512 p.
Es * **Traité de stratégie à l'usage des travailleurs sociaux** – P. Papillon – D. Wahbi – 160 p.
S * **Les transactions aux frontières du social** Collectif – 256 p.
Es * **Le travail – Regard photographique** – BIT – 104 p.
S * **Le travail social** – L. Fèvre – 288 p. – 2e éd.
Es * **Une école sans boussole dans une société sans projet** – P. Bouchard – 128 p.
Es * **Universités populaires de parents** E. Murcier & M. Clausier – 192 p.
Es * **Va'y avoir du Taf - D'après les jeunes** - MRJC - 96 p.
S * **Valeurs pour notre temps** – L'humanité face aux changements – C. Maccio – 260 p.
Es * **Vivre et penser le conseil conjugal** - A. Moyne - 192 p.
Es * **Vivre s'apprend** – A. Tarpinian – 256 p.

Savoir penser

Es * **Agir avec Joseph Folliet** Ass. les Amis de J. Folliet – 128 p.
Es * **Agir avec Keynes** – F. Lehouck – 112 p.
S * **Agir avec Mounier** – J.-F. Petit – R. Valléjo – 144 p.
Es * **Agir avec Proudhon** – J. Langlois – 208 p.
Es * **Chrétiens et justice sociale** – C. Maccio – 304 p.
Es * **Comprendre le propre de l'Homme** – M. Bouderlique – 96 p.
Es * **Comprendre les systèmes politiques** – F. Amanrich – 128 p.
Es * **Comprendre les systèmes politiques** – F. Amanrich – 128 p.
Es * **Chrétiens et justice sociale** C. Maccio – 304 p.
Es * **De l'individu à la personne** – C. Maccio – 224 p.
S * **Doctrines du pouvoir politique (Les)** – M. Richard – 192 p.
Es * **Histoire du cerveau** – A. Parent – 312 p.
S * **Idées-forces pour le XXIe siècle** A. Tarpinian 272 p.
S * **Lexique des sciences humaines** J. Glorieux et B. Gauthier – 240 p.
S * **Marxisme (Le)** – J. Guichard – 304 p. – 4e éd.
S * **Neurosciences cognitives et consciences** – J. Pillon – 240 p.
Es * **Penser avec Arendt et Lévinas** F. Poché – 128 p. – 2e éd.
Es * **Penser avec Edgar Morin** – R. Fortin – 254 p.
Es * **Penser avec Henri Lefebvre** H. Lethierry – 320 p.
S * **Penser avec Jacques Derrida** – F. Poché – 112 p.
Es * **Penser avec Jankélévitch** – H. Lethierry – 176 p.
Es * **Penser avec Lévinas** – L. Fèvre – 260 p.
S * **Penser avec Mounier** – J.-F. Petit – 176 p.
S * **Penser avec Ricoeur** – L. Fèvre – 208 p.
Es * **Penser et agir avec Illich** M. Dardenne – G. Trussart – 152 p.
Es * **Penser et pratiquer l'accompagnement** – G. Wiel – G. Levesque – 112 p.
Es * **Penser et vivre l'interculturel** G. Verbunt – 224 p.
Es * **Penser la philosophie de l'éducation** – G. Avanzini, A. Mougniotte - 192 p.
S * **Penser le devenir de l'Humanité** C. Maccio – 256 p.
S * **Penser le devenir de la Personne** C. Maccio – 224 p.
Es * **Penser librement** – Phan Huy Duong – 208 p.
Es * **Penser par soi-même** – Initiation à la philosophie – M.Tozzi – 224 p. – 6e éd.
S * **Personnalisme (Le)** – Sources – Fondements – Actualité – J. Lacroix – 152 p.
Es * **Reconstruire la dignité** – F. Poché – 160 p.
S * **Socialisme (Le)** – A. Samuel – 472 p.

Chez le même éditeur

256 p.
L'essentiel

Vivre s'apprend
Refonder l'humanisme
Armen Tarpinian

Cet ouvrage répond à une nécessité et à une urgence.
Dans ce monde inquiet, déstabilisé, à la recherche de repères, Armen Tarpinian montre la nécessité, anthropologique, de fonder les bases d'un nouvel humanisme, d'élaborer un art de vivre enrichi par de nouveaux savoirs et pratiques issus du champ de la psychothérapie et plus largement des sciences humaines. Cet humanisme du XXIe siècle ne peut résulter que d'une vraie transdisciplinarité dans notre appréhension de la réalité. Il s'agit en effet de relier ce qui est trop souvent disjoint : l'action dans le monde et l'action sur nous-mêmes.
Ne restons-nous pas trop souvent des « analphabètes » de la relation et de la vie collective nous demande l'auteur ?
Sa réflexion s'appuie sur une vaste culture qui sait croiser la philosophie, la psychologie, l'histoire, l'économie et l'anthropologie.
Le but premier de ces réflexions est de montrer tout ce que la psychologie et la culture psychothérapique peuvent apporter à la construction d'un art de vivre qui sache instaurer un équilibre entre l'individuel et le collectif: allier formation sociale et formation personnelle.
Cette conception complexe et systémique de la réalité, peut nous aider à acquérir le sens de l'autonomie comme de la sociabilité, de l'autoresponsabilité comme de la coresponsabilité sociale, de l'affirmation de soi comme de l'écoute et du dialogue.
Cet ouvrage n'est ni un traité de philosophie ni un manuel de psychologie. Écrit dans une langue élégante et qui nous touche, c'est plutôt une suite de brèves analyses, alertes et incisives, portant sur les questions fondamentales de notre époque. C'est, au plus profond, le sens et les conditions de la « réussite humaine » qui sont, tout le long de l'ouvrage, interrogés et éclairés.

Extrait de la préface de Edmond Marc

Chez le même éditeur

272 p.
Synthèse

Idées-forces pour le XXIe siècle

Sous la direction d'Armen Tarpinian

Sur les chemins complexes et incertains de l'humanisation, il nous faut dépasser la double illusion de vouloir changer le monde sans se changer soi-même, ou de vouloir se changer soi-même sans changer le monde, et apprendre à **relier connaissance de soi et connaissance du monde, formation personnelle et transformation sociale, écologie humaine et écologie terrestre.** Ou, pour le dire autrement, intégrer cette démarche transdisciplinaire dans l'éducation comme dans l'action politique, afin de leur donner leurs vraies dimensions humanisantes.

C'est en partant de cette préoccupation anthropologique que la Revue de Psychologie de la motivation a posé à des chercheurs et des praticiens éminents la question suivante : *« Quelle idée-force, à ce moment de votre parcours de vie, vous paraît-elle la plus vitale pour le XXIe siècle? »*. Leurs réponses, on le verra, constituent un véritable « Cahier des charges » destiné à nous éviter les précipices vers lesquels nous avançons, plus endormis peut-être qu'inconscients. Complémentaires, leurs propositions nous indiquent des voies de sortie incontournables. Elles rejoignent des recherches et des pratiques innovantes qui, en de nombreux lieux et sur divers continents, travaillent à fonder un humanisme lucide et actif, capable de promouvoir une véritable équité sociale à l'échelle planétaire. Voire de nous protéger du risque de disparition absurde de l'espèce.

Dans ce grand bouquet d'idées-forces, les sciences humaines occupent la place qui leur revient. Tout comme la poésie et la philosophie.